westermann

Maria Heitmann, Sascha Kober, Alexandra Marx, Uta Mengel, Anja Rohde, Uwe Schäfer,
Daniel Tewes, Christiane Untiet

Maler und Lackierer

Arbeitsaufträge
Lernfelder 5–12

1. Auflage

Bestellnummer 231633

Die in diesem Produkt gemachten Angaben zu Unternehmen (Namen, Internet- und E-Mail-Adressen, Handelsregistereintragungen, Bankverbindungen, Steuer-, Telefon- und Faxnummern und alle weiteren Angaben) sind i. d. R. fiktiv, d. h., sie stehen in keinem Zusammenhang mit einem real existierenden Unternehmen in der dargestellten oder einer ähnlichen Form. Dies gilt auch für alle Kunden, Lieferanten und sonstigen Geschäftspartner der Unternehmen wie z. B. Kreditinstitute, Versicherungsunternehmen und andere Dienstleistungsunternehmen. Ausschließlich zum Zwecke der Authentizität werden die Namen real existierender Unternehmen und z. B. im Fall von Kreditinstituten auch deren IBANs und BICs verwendet.

Die Seiten dieses Arbeitshefts bestehen zu 100 % aus Altpapier.

Damit tragen wir dazu bei, dass Wald geschützt wird, Ressourcen geschont werden und der Einsatz von Chemikalien reduziert wird. Die Produktion eines Klassensatzes unserer Arbeitshefte aus reinem Altpapier spart durchschnittlich 12 Kilogramm Holz und 178 Liter Wasser, sie vermeidet 7 Kilogramm Abfall und reduziert den Ausstoß von Kohlendioxid im Vergleich zu einem Klassensatz aus Frischfaserpapier. Unser Recyclingpapier ist nach den Richtlinien des Blauen Engels zertifiziert.

Druck und Bindung: Westermann Druck GmbH, Georg-Westermann-Allee 66, 38104 Braunschweig

ISBN 978-3-14-**231633**-8

Vorwort

Praxisorientierte Aufgaben und Kundenaufträge, eingebettet in Projekte, sind für erfolgreichen handlungsorientierten Unterricht unverzichtbar. Im Zusammenspiel mit den Lehrbüchern als zentrale Informationsquelle strukturieren sie den Unterrichtsstoff und führen zu für alle einsichtigen Zielen. Der Lernerfolg wird durch die abschließende Präsentation erfahrbar gemacht und gesichert.

Dieses Heft mit Kundenaufträgen für die Lernfelder 5–12 korrespondiert daher direkt mit dem entsprechenden Schülerbuch für diese Lernfelder. Arbeitsaufträge und Schülerbuch sind gleichzeitig in enger Abstimmung entstanden. Die neuen Vertiefungsrichtungen des KMK-Rahmenlehrplans sind ebenso berücksichtigt worden wie die neuesten Regelwerke. Zum Bearbeiten der Aufgaben sollten weitere Informationsquellen wie das korrespondierende Tabellenbuch, Fachliteratur, Lexika, Fachzeitschriften und Normen genutzt werden.

Gerne kann die kreative und erfolgreiche Teamarbeit bei der Erstellung des Buches von den Lesern und Nutzern durch Rückmeldungen und Kommentare sinnvoll ergänzt werden.

Nutzerhinweise

Das Arbeitsheft ergänzt das Fachbuch Maler und Lackierer Lernfelder 5–12.

Beim Bearbeiten der Aufgaben sollten Sie weitere Informationsquellen nutzen wie z. B.
Tabellenbücher, Fachliteratur, Lexika, Fachzeitschriften, Internet, DIN-Normen oder Technische Merkblätter.

Die in den Arbeitsaufträgen verwendeten Icons sind Hinweise für besondere Aufgaben:

Fachbezogene Entscheidungsfragen

Fachbezogene Diskussion

Vorschlag zur Durchführung von Experimenten

Internetrecherche durchführen

Zur Lösung der Aufgaben des Arbeitshefts werden folgende Arbeitsmittel benötigt:
- Bleistifte,
- Buntstifte,
- Lineal,
- Klebstoff,
- Schere,
- Zirkel,
- Pinsel und Malfarben, z. B. Schultempera und Volltonabtönfarben,
- Taschenrechner.

Inhaltsverzeichnis

KUNDENAUFTRAG

Der neue Pächter einer Mehrzweckhalle beauftragt Ihre Malerfirma, an dem Gebäude Überholungs- und Erneuerungsbeschichtungen im Innen- und Außenbereich durchzuführen. Während der Bauphase vor zehn Jahren hatte Ihre Firma sämtliche Malerarbeiten übernommen. Das Gebäude sowie alle verwendeten Materialien sind demnach bekannt.

Objektbeschreibung

Fenster: Holzfenster, verwittert; Altbeschichtung: Lasur auf Alkydharzbasis

Türen:
- Haupteingang: Holzrahmen, verwittert; Altbeschichtung: deckend, hellgrau, Alkydharzlack
- Notausgänge: zwei Stahltüren, starke Beschichtungsschäden; Altbeschichtung: Acrylharzlack

Innenwände: Gipsputz mit KS-Dispersion, leichte Fehlstellen im Putz

Auszuführende Arbeiten

- Überholungsanstrich der Holzfenster
- Überholungsanstrich des Türrahmens am Haupteingang
- Erneuerung der Korrosionsschutzbeschichtung an den zwei Notausgängen
- Überholungsanstrich der Wände in der großen Halle, dem Foyer und Flur sowie im Klubraum

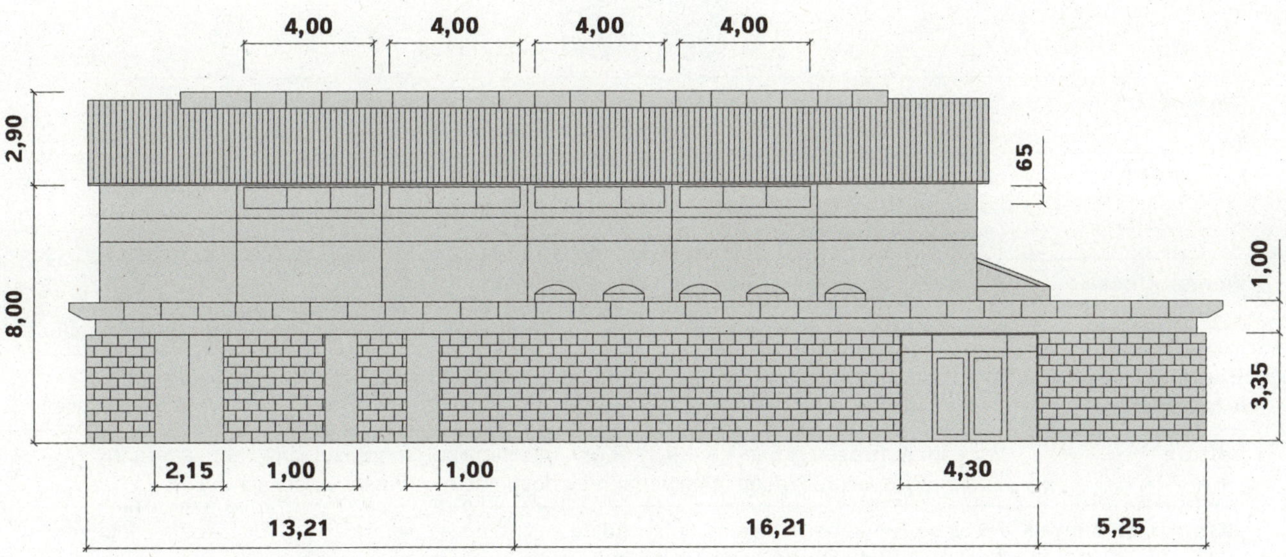

ÜBERHOLUNGSANSTRICH DER HOLZFENSTER

Die Oberfläche der Fenster weist starke Witterungsschäden auf. Der Kunde wünscht einen transparenten Anstrich, damit die Struktur des Holzes sichtbar bleibt.

Leistungsbeschreibung

Pos. 1 Analyse des Objektes inkl. der Altbeschichtung
Pos. 2 Prüfen und Vorbereiten des Untergrunds
Pos. 3 Beschichten der Fensterrahmen

Pos. 1 Analyse des Objektes inkl. der Altbeschichtung

Ihr Chef entscheidet sich dafür, die Fenster mit Profi HS-Holzschutzlasur zu beschichten. Er bittet Sie, sich das Technische Merkblatt auszudrucken.

Technisches Merkblatt

Profi HS-Holzschutzlasur

Anwendung	Für wetterbeständige, lasierende Anstriche auf allen Laub- und Nadelhölzern Dickschichtlasur
Eigenschaften	aromatenfrei, thixotrop, auf Basis modernster High-Solid-Bindemittel-Technologie, ausgezeichnete UV- und Wetterbeständigkeit durch zusätzlichen UV-Absorber, feuchtigkeitsregulierend, für außen und innen geeignet
Werkstoffbasis	Alkydharz, lösemittelbasiert nach VOC-Richtlinien
Verträglichkeit	Nur mischbar mit gleichartigen und den in diesem Merkblatt dafür vorgesehenen Materialien
Tragfähigkeit des Altanstrichs	Alte Lasuranstriche durch z. B. Kratzproben oder Klebebandtest auf Tragfähigkeit prüfen
Auftrag	Vor dem Auftragen gründlich durchrühren, mit Naturborstenpinsel auftragen; alternativ im Spritzverfahren auftragen, anschließend jedoch mit dem Pinsel verschlichten
allgemeiner Hinweis	Farblose Lasuranstriche sind aufgrund des nicht ausreichenden UV-Schutzes als alleiniger Anstrichaufbau für die Anwendung im Außenbereich nicht geeignet.
Schleifen	Zwischen den einzelnen Arbeitsgängen sind die Flächen zu schleifen, um die Haftung zu verbessern.

Außenanstriche auf maßhaltigen und begrenzt maßhaltigen Holzbauteilen

Untergründe	Imgrägnierung [1]	Grundanstrich	Zwischenanstrich	Schlussanstrich
unbehandelte, maßhaltige Holzbauteile, Fenster und Türen	Holzschutzgrund 250	Dauerschutzlasur 580		
unbehandelte, begrenzt maßhaltige Holzbauteile, außen z. B. Verbretterung mit Nut und Feder (z. B. Dachuntersichten), Fensterläden usw.	Holzschutzgrund 250	Dauerschutzlasur 580	Dauerschutzlasur 580	Dauerschutzlasur 580
Holzbauteile, mit intkaktem Lasuranstrich	rohe Holzstellen mit Holzschutzgrund 250	falls erforderlich, Schadstellen mit Dauerschutzlasur 580		

[1] BFS-Merkblatt Nr. 18, Abschnitt 6 und 7.2.1 beachten.

Aufgabe 1

Warum ist es von Vorteil, wenn Sie wissen, welcher Beschichtungsstoff für den Erstanstrich benutzt wurde?

Aufgabe 2

Wie können Sie vorgehen, wenn Sie nicht wissen, welcher Beschichtungsstoff verwendet wurde?

Aufgabe 3

Bei den Eigenschaften der gewählten Beschichtung auf dem Technischen Merkblatt stechen Ihnen folgende Begriffe direkt ins Auge: aromatenfrei, feuchtigkeitsregulierend und thixotrop. Erklären Sie diese Begriffe in eigenen Worten.

Aufgabe 4

Wofür steht die Abkürzung „HS“ im Namen des Produkts und was beutet sie?

Aufgabe 5

Das gewählte Produkt wird laut Technischem Merkblatt als Dickschutzlasur aufgetragen. Was unterscheidet eine Dickschichtlasur von einer Dünnschicht- und einer Imprägnierlasur?

Aufgabe 6

Im Beratungsgespräch sprechen Sie die regelmäßige Wartung der Beschichtung an. Klären Sie den Kunden über die Wartungsintervalle bei Lasuren und deckenden Beschichtungen auf.

Dünnschichtlasur:

Dickschichtlasur:

deckender Anstrich:

Aufgabe 7

Sie fragen den Kunden nach dem gewünschten Farbton der Lasur. Der Kunde ist überrascht, da er vermutet hat, dass man durch die Lasur den originalen Farbton des Holzes sehen würde. Erklären Sie ihm die Bedeutung von Pigmenten in einer Beschichtung hinsichtlich des UV-Schutzes. Verwenden Sie hierfür die nebenstehende Abbildung.

Pos. 2 Prüfen und Vorbereiten des Untergrunds

Aufgabe 8

Der Kunde wundert sich, dass die Fenster im Norden deutlich stärkere Witterungsschäden und Verschmutzungen aufweisen als an den anderen Seiten. Erklären Sie ihm das Phänomen der „Wetterseite".

Aufgabe 9

Füllen Sie die unten stehende Tabelle bzgl. der baustellenüblichen Untergrundprüfungen und vorbereitenden Maßnahmen aus.

Prüfung auf	Methode	Erkennung	vorbereitende Maßnahmen
Verschmutzungen, Algen oder Moosbefall			
Beschichtungsschäden, Haftung der Altbeschichtung			
Holzfeuchte			

Aufgabe 10

a) Beschriften Sie die Abbildung des Holzfeuchtemessgerätes.

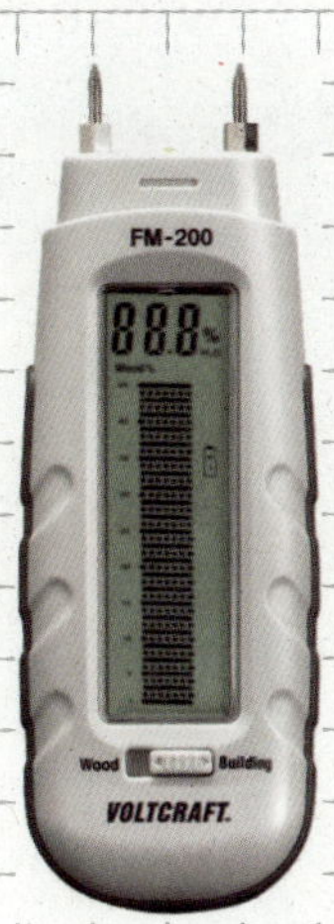

b) Beschreiben Sie die Wirkweise des Gerätes.

Experiment – Holzfeuchtemessung

Vorbereitung: Setzen Sie ein Prüfholz Ihrer Wahl für einen längeren Zeitraum der Witterung aus.

Durchführung: Prüfen Sie anschließend mit einem Holzfeuchtemessgerät die Holzfeuchte des Probestückes und beurteilen Sie, ob das Stück Holz beschichtet werden darf oder nicht. Nutzen Sie hierfür die vorgeschriebenen Bestimmungen zur Holzfeuchte.

Pos. 3 Beschichten des Fensters

Aufgabe 11

Im Technischen Merkblatt steht, dass die Beschichtung vor dem Auftragen nicht verdünnt werden darf, da sonst der EU-Grenzwert der VOC-Richtlinie überschritten wird. Was bedeutet die Abkürzung „VOC" und was regelt diese Richtlinie?

Aufgabe 12

Laut Technischem Merkblatt sollen Sie für den Auftrag einen Naturborstenpinsel verwenden. Warum spielt das Besteckmaterial eine wichtige Rolle bei der Auswahl des richtigen Pinsels?

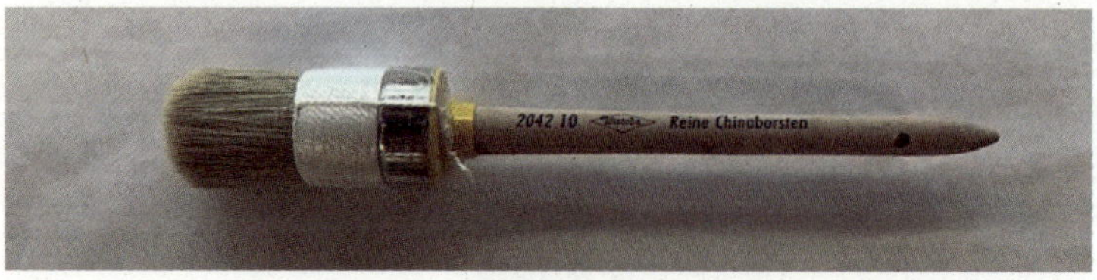

Aufgabe 13

Was wurde hier im Bild bei der Pinselreinigung falsch gemacht? Wie müssen die Pinsel nach der Verarbeitung gereinigt werden? Recherchieren Sie dazu im Internet.

Aufgabe 14

Nachdem der Pinsel gereinigt wurde, will Ihr Lehrlingskollege den Behälter mit dem dreckigen Lösemittel in den Abfluss gießen und sich danach die Hände mit Verdünnung reinigen. Sie sehen dieses Vorgehen und fragen ihn, ob er in der Schule nicht aufgepasst habe.

a) Sie erklären ihm den fachgerechten Umgang mit der Entsorgung der verdreckten Verdünnung.

b) Anschließend weisen Sie ihn darauf hin, welche Schädigungen am menschlichen Körper durch Lösemittel entstehen können. Dabei beziehen Sie sich auf die Abbildung aus Ihrer Unterrichtsmappe.

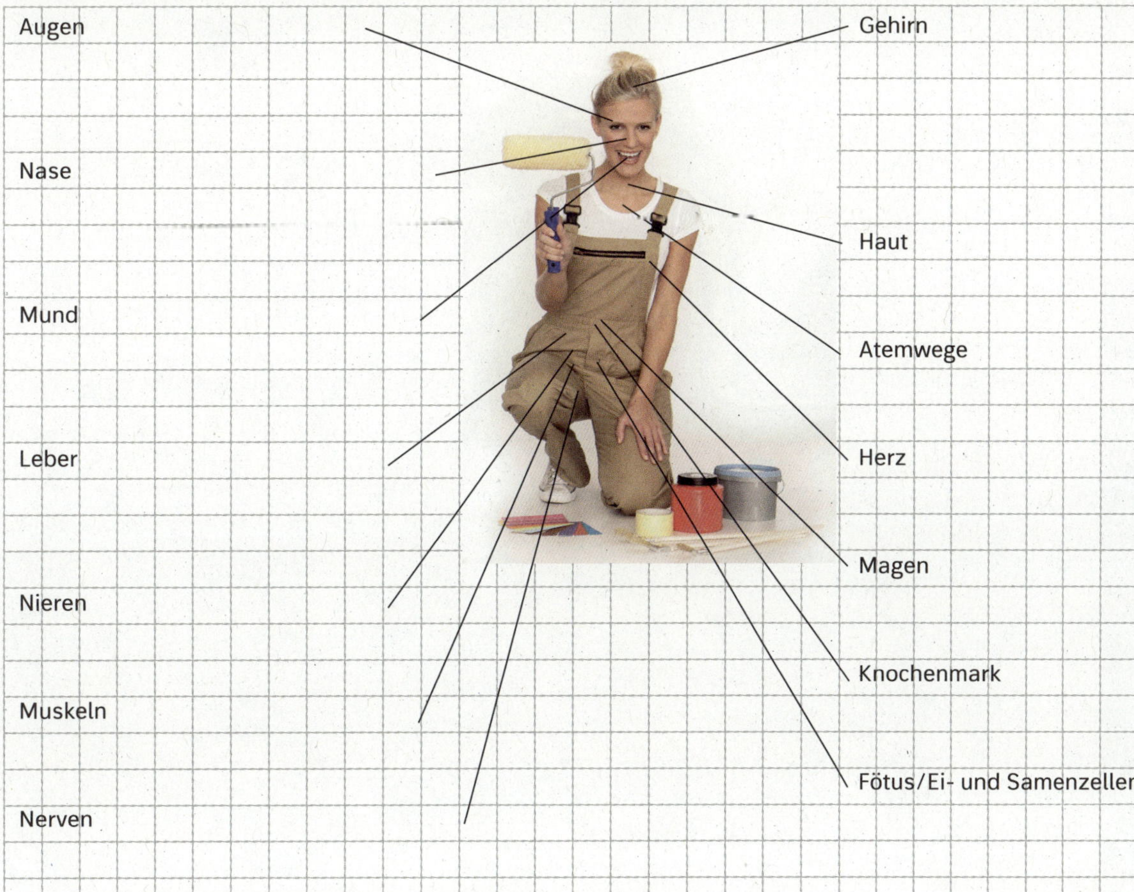

ÜBERHOLUNGSANSTRICH DES TÜRRAHMENS AM HAUPTEINGANG

Der Haupteingang an der Nordseite besteht aus einem schmalen Rahmen aus Lärchenholz, welcher mit einem hellgrauen Alkydharzlack beschichtet wurde. Der Anstrich weist deutliche Witterungsschäden und Abplatzungen auf.

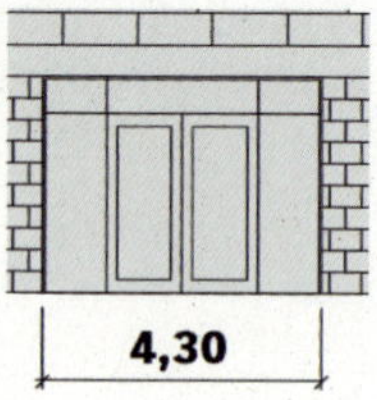

Leistungsbeschreibung

Pos. 1 Ausführliche Analyse des Objektes inkl. der Auswahl des Beschichtungsstoffes
Pos. 2 Prüfen und Vorbereiten des Untergrunds
Pos. 3 Beschichten des Türrahmens

Pos. 1 Ausführliche Analyse des Objektes inkl. der Auswahl des Beschichtungsstoffes
Als neuen Beschichtungsstoff schlägt Ihr Chef einen wasserverdünnbaren PU-verstärkten Acryllack vor.

Aufgabe 15

Wofür steht das Kurzzeichen „PU“?

Aufgabe 16

a) Informieren Sie sich über folgende Beschichtungsstoffe und vergleichen Sie diese hinsichtlich der Kriterien in der Tabelle.

	Acryllack	Alkydharzlack	Acryllack PU-verstärkt
Kunststofftyp			
Lösemitteltyp			
Oberflächen-qualität/ Festigkeit			
Trocknung			
Entsorgung			

b) Warum hat sich Ihr Chef für einen PU-verstärkten Acryllack entschieden? Begründen Sie Ihre Antwort anhand der Tabelle aus Aufgabe a).

Aufgabe 17

Auf dem Technischen Merkblatt des ausgewählten Beschichtungsstoffes findet man folgende Informationen zur Verwendung und den Eigenschaften:

Technisches Merkblatt

Verwendung	Technisches Merkblatt für feuchtigkeitsregulierende Zwischen- und Schlusslackierungen; außen und innen; besonders auf maßhaltigen Holzbauteilen, z. B. Fenster und Außentüren
Eigenschaften	› wasserbasiert, emissions- und schadstoffarm › für außen und innen › auf Acrylharzbasis, PU-verstärkt › geruchsarm › ausgezeichnetes Füll- und Deckvermögen › sehr gute Kantenabdeckung › feuchtigkeitsregulierend › schnell trocknend › blockfest

Beim Durchsehen des Merkblatts fällt Ihnen der Begriff „blockfest“ auf. Was versteht man im Malerhandwerk darunter?

Aufgabe 18

Der ausgewählte Beschichtungsstoff ist laut Technischem Merkblatt besonders für maßhaltige Bauteile geeignet. Nach DIN EN 927 werden Holzbauteile in maßhaltige, begrenzt maßhaltige und nicht maßhaltige Bauteile eingeteilt.

a) Ordnen Sie den folgenden abgebildeten Holzbauteilen diese drei Bezeichnungen richtig zu. Nennen Sie zudem jeweils mindestens zwei weitere Bauteile.

Einteilung:

Weitere Holzbauteile:

Einteilung:

Weitere Holzbauteile:

Einteilung:

Weitere Holzbauteile:

b) Warum müssen maßhaltige Bauteile ganz besonders vor eindringender Feuchte geschützt werden?

Aufgabe 19

Der Türrahmen weist vor allem an den Eckverbindungen Risse in der Beschichtung auf. Erklären Sie anhand der nebenstehenden Abbildung, warum die Beschichtung gerade dort reißt. Nutzen Sie dazu die Verben „quellen“ und „schwinden“.

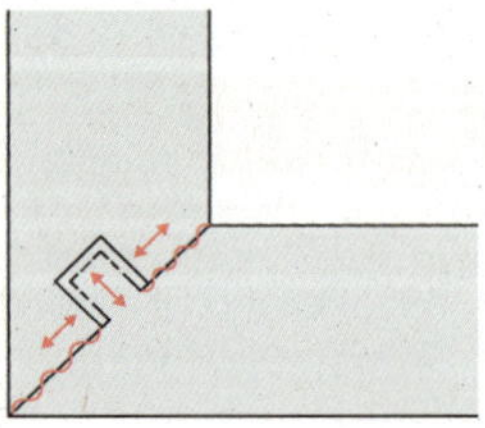

Aufgabe 20

Der Kunde wünscht für die Tür einen deckenden Anstrich. Er überlegt, ob er die Tür vielleicht anthrazit streichen lassen will. Sie raten ihm grundsätzlich, es bei einem hellgrauen Anstrich zu belassen, und erklären ihm die Auswirkungen einer erhöhten Oberflächentemperatur bei dunkleren Anstrichen auf den Holzuntergrund.

Pos. 2 Prüfen und Vorbereiten des Untergrunds

Aufgabe 21

Welche der genannten Untergrundprüfungen würden Sie an diesem Türrahmen durchführen?

Untergrundprüfung	j/n	Begründung
Augenscheinprüfung auf lose Stellen		
Feuchtemessung		
Augenscheinprüfung auf Holzschäden wie Astlöcher oder Harzgallen		
Klebebandtest		
Prüfung auf Holzrisse		
Augenscheinprüfung auf Pilzbefall		
Augenschein auf scharfe Kanten		

Pos. 3 Beschichten des Türrahmens

Aufgabe 22

a) Benennen Sie die einzelnen Schichten des klassischen Schichtaufbaus einer Holzbeschichtung und erläutern Sie die unterschiedlichen Funktionen.

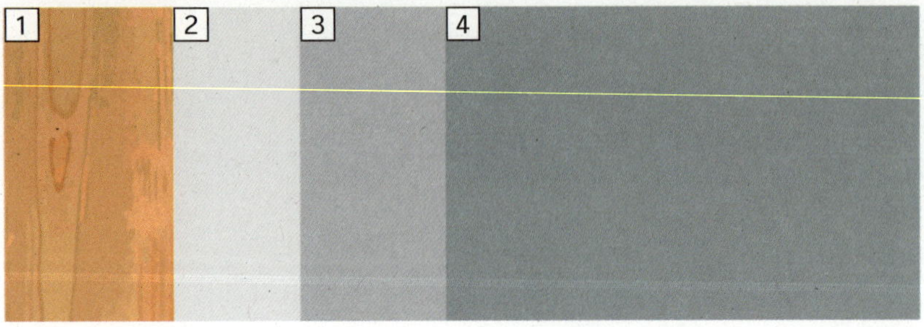

b) Warum empfiehlt der Hersteller, nach jedem Arbeitsschritt einen Zwischenschliff durchzuführen?

Aufgabe 23

An welcher Stelle in diesem Schichtaufbau werden die kleinen Risse mit 2K-Holzspachtel gefüllt?

Aufgabe 24

Was ist bei der Verarbeitung von 2K-Holzspachtel zu beachten?

Aufgabe 25

Kreuzen Sie an, welche Streichwerkzeuge Sie für das Beschichten des Türrahmens einpacken würden.

☐

☐
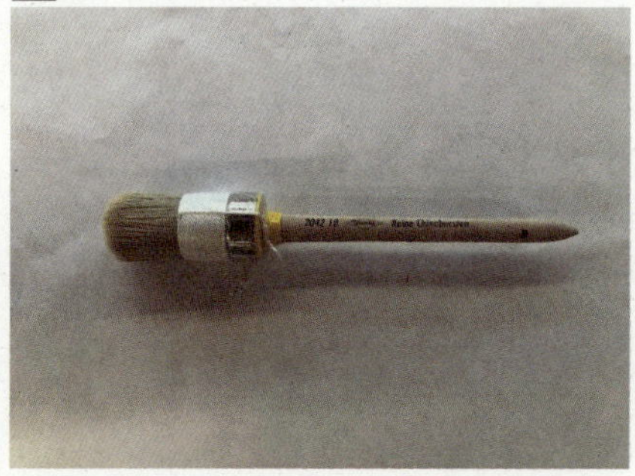

☐

☐
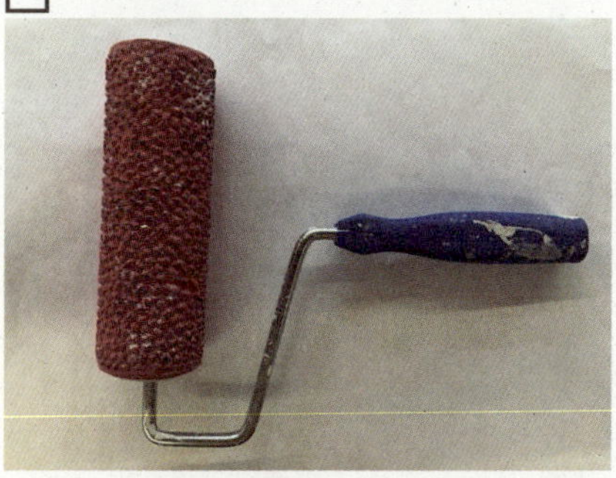

☐

☐
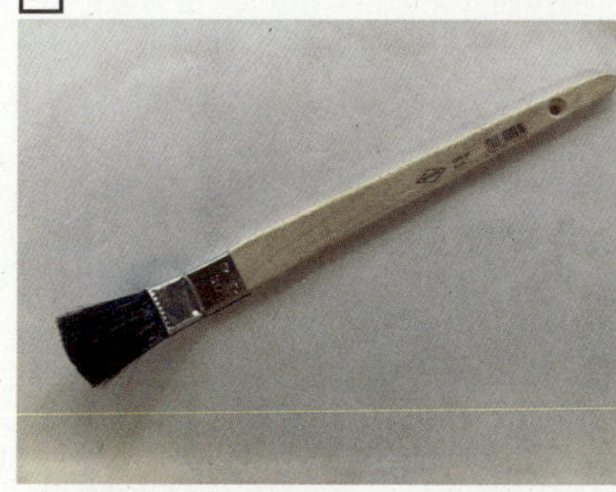

☐

☐
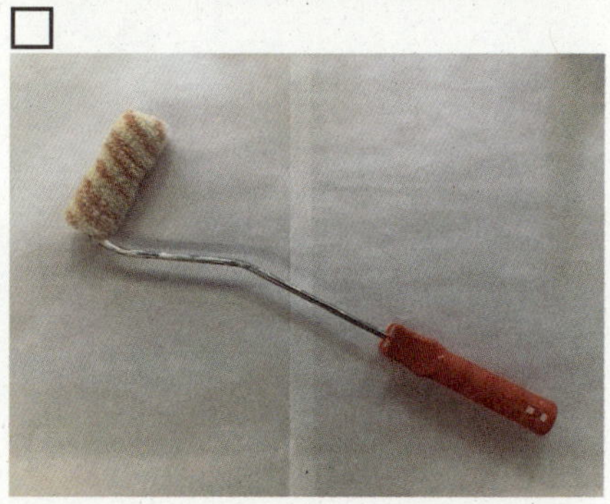

☐
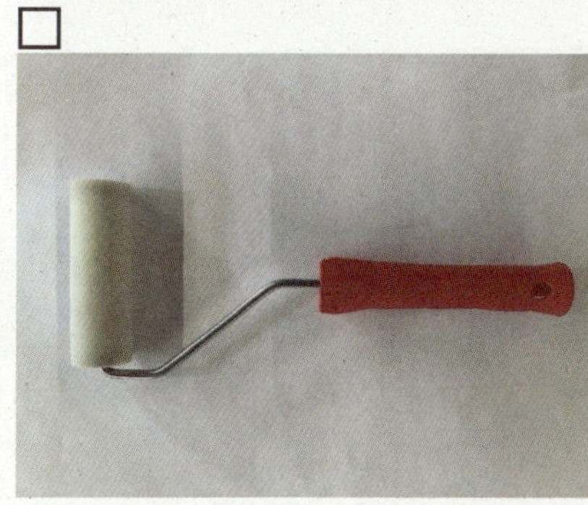

☐
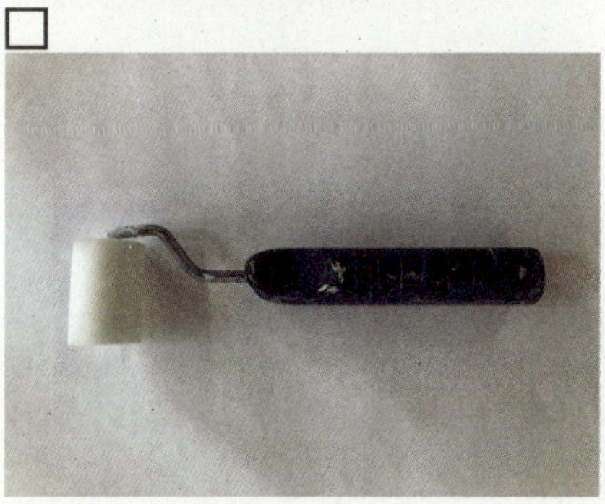

☐
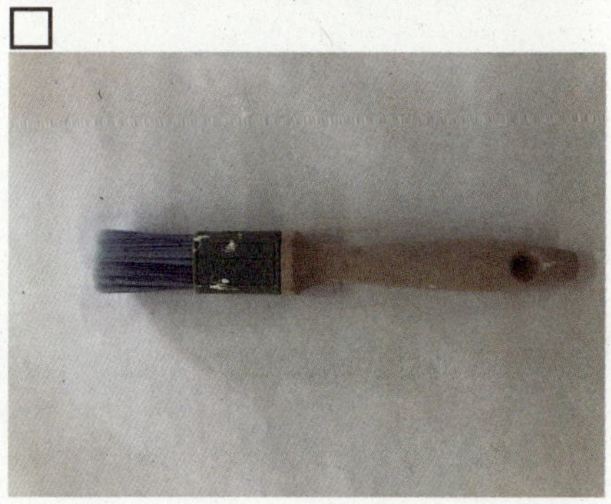

☐
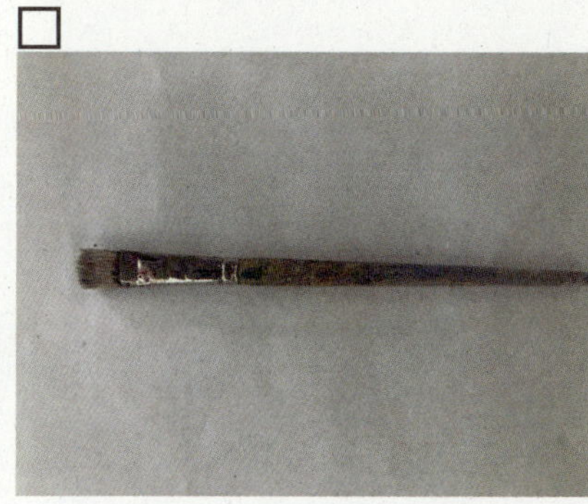

ERNEUERUNG DER KORROSIONSSCHUTZBESCHICHTUNG AN DEN ZWEI NOTAUSGÄNGEN

Die Türen an den Notausgängen an West- und Ostseite sind mit einer Korrosionsschutzbeschichtung neu zu beschichten. Die Beschichtung ist an vielen Stellen abgeplatzt, an den freien Stellen ist Rost zu erkennen. Darum beschließt Ihr Chef, dass Sie die Türen vorher komplett entschichten sollen.

Leistungsbeschreibung

Pos. 1 Entschichten, Reinigen und Vorbereiten der Türen
Pos. 2 Fachgerechte Korrosionsschutzbeschichtung aufbringen

Pos. 1 Entschichten, Reinigen und Vorbereiten der Türen

Aufgabe 26

Erklären Sie, warum die Tragfähigkeit der Altbeschichtung so stark geschädigt ist, dass sie völlig entfernt werden sollte. Nutzen Sie hierfür die Abbildung.

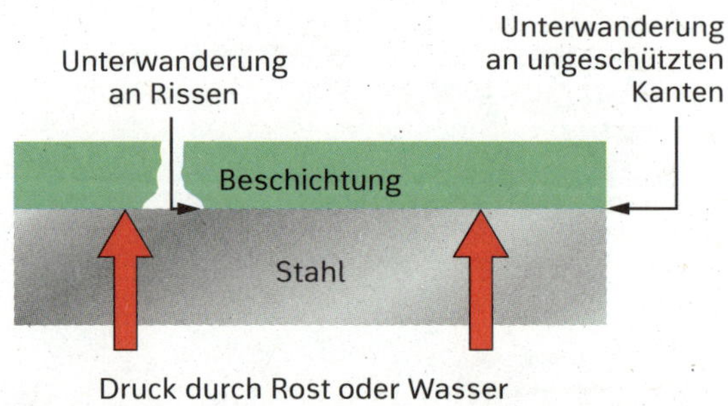

Aufgabe 27

Sie überlegen, ob Sie die Türen abschleifen oder chemisch entschichten sollen. Informieren Sie sich mithilfe des Fachbuchs und im Internet über die zwei genannten Entschichtungsverfahren. Vergleichen Sie diese beiden Möglichkeiten, indem Sie die nachfolgende Tabelle ausfüllen.

	Schleifen	chemisches Entschichten
Werkzeuge und Materialien		
Arbeitssicherheit		

	Schleifen	chemisches Entschichten
Umweltschutz und Nachhaltigkeit		
wirtschaftlicher Nutzen/ Arbeitszeit		

Wie würden Sie entscheiden?

a) Diskutieren Sie die beiden Möglichkeiten aus der vorherigen Aufgabe mit Ihren Kollegen und entscheiden Sie gemeinsam, mit welchem Verfahren Sie den Türrahmen entschichten würden.

b) Sowohl beim Schleifen als auch beim chemischen Entschichten steht die Arbeitssicherheit an erster Stelle. Welche der abgebildeten Masken würden Sie für die Entschichtungsarbeiten bei diesem Kunden verwenden? Diskutieren Sie den Einsatz der Masken und begründen Sie ihre Auswahl. Informationen zu den Masken finden Sie u. a. in Ihrem Fachbuch.

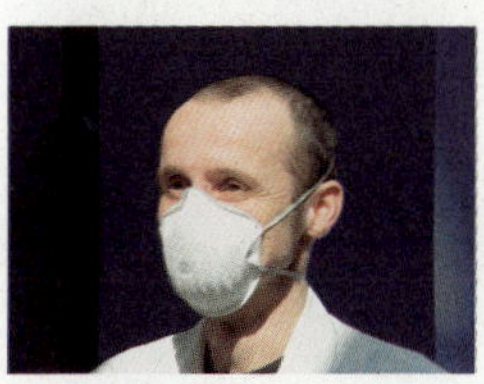

1 Staubmaske

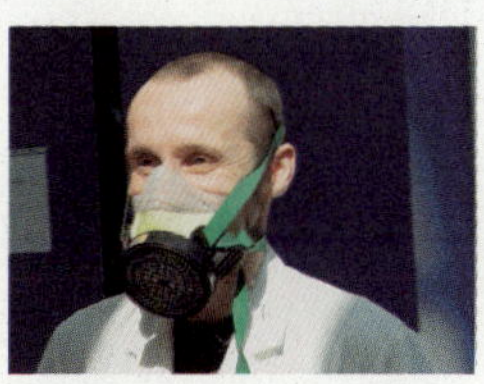

2 Maske mit wechselbarem Filter

3 Halbmaske

4 belüftete Halbmaske

5 belüftete Sicherheitshaube

Aufgabe 28

Eine gute Adhäsion der nachfolgenden Korrosionsschutzbeschichtung gelingt nur, wenn der Untergrund ordentlich entrostet wurde. Warum ist eine gute Adhäsion gerade für diese Beschichtung besonders wichtig?

Aufgabe 29

Nach dem Entschichten muss die Fläche entrostet werden. Für die anschließende Korrosionsschutzbeschichtung ist für Außenanwendung der Fläche nach DIN EN ISO 12944 der Oberflächenvorbereitungsgrad Sa 2 ½ gefordert. Was bedeutet diese Angabe?

Pos. 2 Fachgerechte Korrosionsschutzbeschichtung aufbringen

Aufgabe 30

Eine Korrosionsschutzbeschichtung zählt zum passiven Korrosionsschutz und soll den Untergrund in erster Linie vor schädlichen und korrosionsfördernden Stoffen schützen. Nennen Sie drei Faktoren, die das Korrodieren eines metallischen Untergrunds auslösen und begünstigen.

Aufgabe 31

Spezielle Korrosionsschutzpigmente können die Schutzfunktion einer Beschichtung noch verstärken. Beschreiben Sie die Schutzwirkung der folgenden Pigmente:

Phosphat und Bleipigmente:

Glimmer und Aluminiumplättchen:

Zink- und Aluminiumpulver:

Aufgabe 32

Ein wichtiges Kriterium für die Auswahl eines Beschichtungssystems ist das Bindemittel. Die gängigsten Bindemittel sind Alkydharz, Acrylat und Epoxidharz. Vervollständigen Sie mithilfe des Fachbuchs folgende Tabelle und diskutieren Sie anschließend, welches Bindemittel Sie für diesen Kundenauftrag verwenden würden.

Bindemittel	Alkydharz	Acrylat	Epoxidharz
Kunststoffart	Duromer	Thermoplast	
Lösemittelart		lösemittelhaltig oder wasserverdünnbar	
Trocknung/Erhärtung	oxidative Trocknung		
1K/2K			2K
Einsatzgebiete			schwerer Korrosionsschutz im Außenbereich

Wie würden Sie entscheiden?

Aufgabe 33

Die notwendigen Schichtdicken einer Korrosionsschutzbeschichtung können in Anlehnung an die DIN EN ISO 12944-2 ermittelt werden. Die Schichtdicken ergeben sich aus den Korrosivitätskategorien C1–C5 und dem verwendeten Bindemittel. Was sagen diese Klassen aus und welcher Klasse wäre die Tür der Mehrzweckhalle zuzuordnen? Schauen Sie hierzu auch in Ihr Fachbuch.

Aufgabe 34

Der Hersteller des ausgewählten Beschichtungsstoffes empfiehlt ein Dünnschichtsystem bestehend aus zwei Grundbeschichtungen und zwei Deckbeschichtungen. Beschreiben Sie den Unterschied zwischen einem Dünnschicht- und einem Dickschichtsystem.

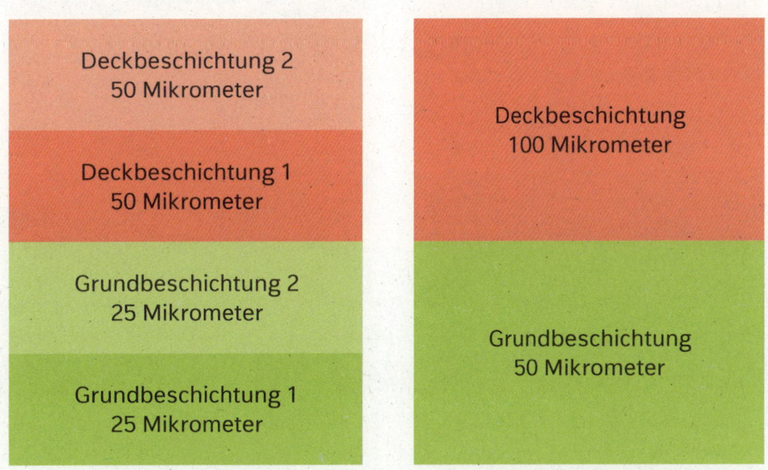

Dünnschichtsystem **Dickchichtsystem**

Aufgabe 35

Das Messen der Nassschichtdicke in der Praxis ist gängiger und praktikabler. Von der Nassschichtdicke lässt sich später auf die Trockenschichtdicke schließen. Beschreiben Sie die Messung der Nassschichtdicke mit dem Messkamm.

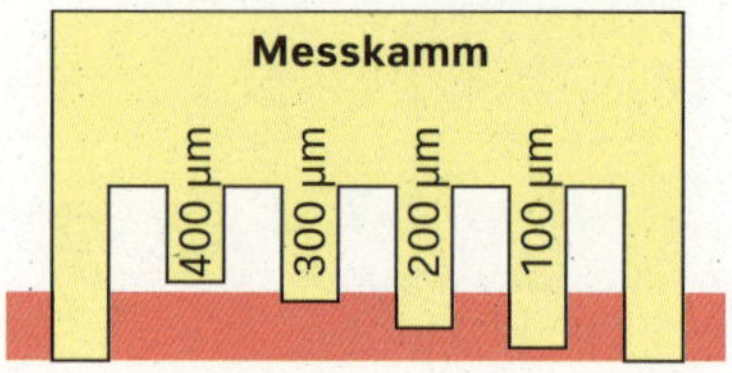

Aufgabe 36

Berechnen Sie die Arbeitsfläche (Türblatt beidseitig + Rahmen) für zwei Notausgänge.

2 Notausgänge mit Rahmen

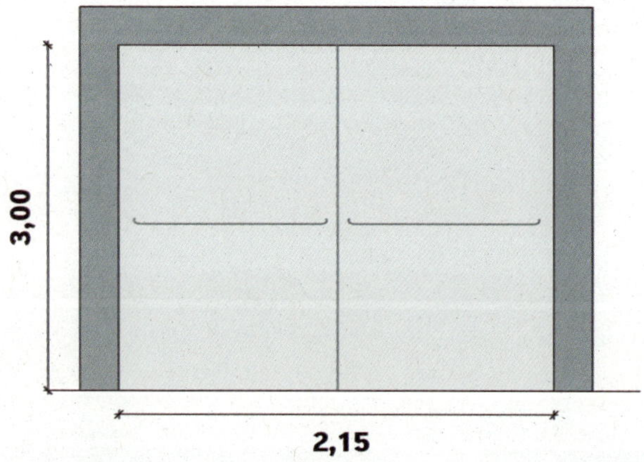

→ beidseitige Beschichtung

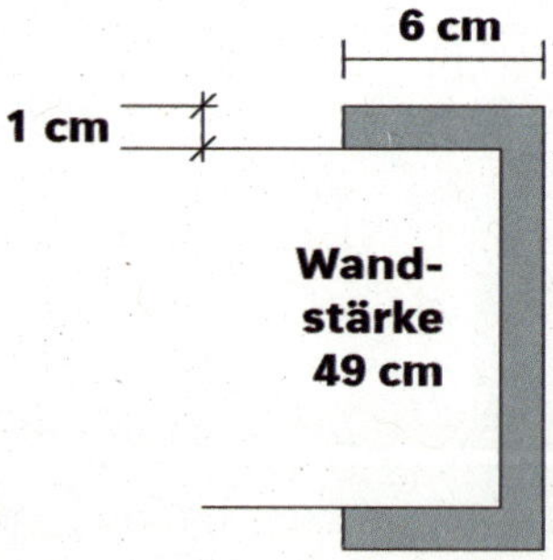

Bezeichnungen	Abmessung	Reiner Messgehalt
2 Türblätter beidseitig		
2 Rahmen		
	Summe:	

ÜBERHOLUNGSANSTRICH DER WÄNDE IN DER GROSSEN HALLE, DEM FOYER UND FLUR SOWIE IM KLUBRAUM

Der Kunde wünscht für alle Räume mit erhöhtem Durchgang eine neue Beschichtung, die er ggf. bei Bedarf auch selbst reinigen kann. Sie sollte nicht glänzen und gut decken, damit alle Flecken gut abgedeckt werden. Die Beschichtung ist leicht verschmutzt (Spinnenweben, dunkle Spuren von Stühlen usw.), aber nicht beschädigt. Der Putz darunter ist überall bis auf kleine Fehlstellen noch in Ordnung. Für den alten Anstrich wurde in der Vergangenheit eine KS-Dispersion (Basis: Polyvinylacetat) verwendet.

Leistungsbeschreibung

Pos. 1 Vorbereitende Maßnahmen
Pos. 2 Beschichten der Wände

Pos. 1 Vorbereitende Maßnahmen

Aufgabe 37

Der Untergrund muss vor dem Beschichten trocken, sauber, fest und tragfähig sein. Welche Untergrundprüfungen würden Sie in dieser Mehrzweckhalle durchführen und welche Ergebnisse können Sie bei diesem Auftrag erwarten? Tragen Sie Ihre Antworten in die Tabelle ein.

Eigenschaft	Prüfmethode	zu erwartende Ergebnisse
trocken		
sauber		
fest		
tragfähig		

Aufgabe 38

Kreuzen Sie alle vorbereitenden Maßnahmen an, die Sie an diesen Wänden durchführen würden.

- ☐ Steckdosen abbauen und reinigen
- ☐ Graffiti entfernen
- ☐ Boden vor den Wänden mit Vlies abdecken
- ☐ Fußleisten und Fenster/Türen abkleben
- ☐ Fehlstellen im Putz mit Gipsspachtelmasse ausbessern und überschleifen
- ☐ Wände abfegen, um leichte Verschmutzungen und Spinnenweben zu entfernen
- ☐ gesamte Fläche mit einem Exzenter anschleifen
- ☐ Feuchtemessung mit dem Feuchtemessgerät durchführen

Pos. 2 Beschichten der Wände

Wie würden Sie entscheiden?

Für das Beschichten der Wände hat Ihr Chef zwei Produkte aus seinem Sortiment ausgewählt, die sich mit dem alten Anstrichstoff vertragen. Diese Produkte sind nach DIN 13300 wie folgt klassifiziert:

	Produkt 1	Produkt 2
Nassabriebklasse	2	1
Kontrastverhältnis	Klasse 1 bei 7 m^2/l	Klasse 2 bei 8 m^2/l
Glanz	stumpfmatt	mittlerer Glanz
maximale Korngröße	fein	fein

Welches Produkt würden Sie wählen? Begründen Sie Ihre Antwort.

Aufgabe 39

Die Beschichtung kann sowohl mit Rolle und Pinsel als auch im Spritzverfahren appliziert werden. Beschreiben Sie stichpunktartig die Vor- und Nachteile der genannten Applikationsverfahren.

Verfahren	Vorteile	Nachteile
Streichen/Rollen		
Spritzen		

Aufgabe 39

Welche Utensilien müssen Sie bereitstellen, wenn die Wandflächen der Mehrzweckhalle im Airlessspritzverfahren beschichtet werden sollen?
Kreuzen Sie die richtigen Utensilien an.

Rührgerät	Spritzgerät	Kabeltrommel	Teleskopstab
 ☐	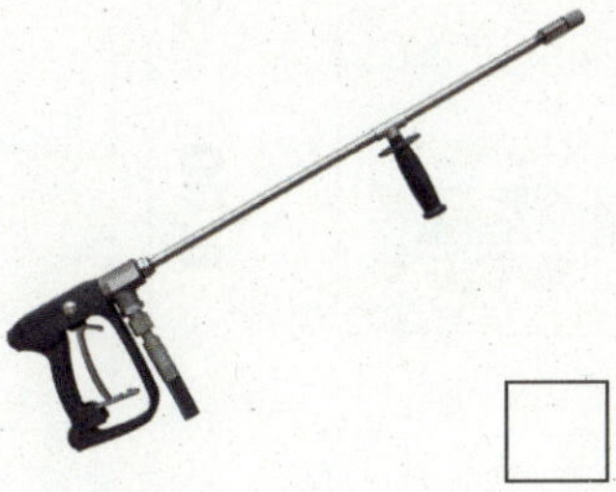 ☐	 ☐	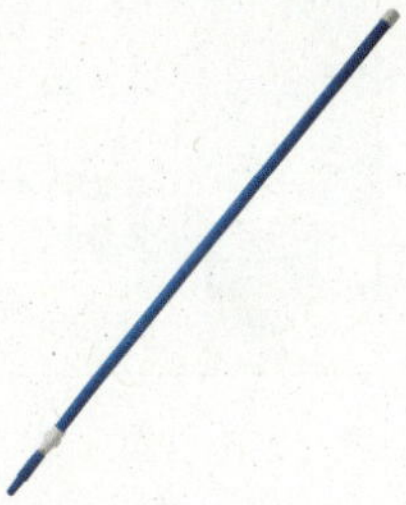 ☐
Dampfstrahler	Abdeckfolie	Schutzmaske	Dispersionsfarbe
 ☐	 ☐	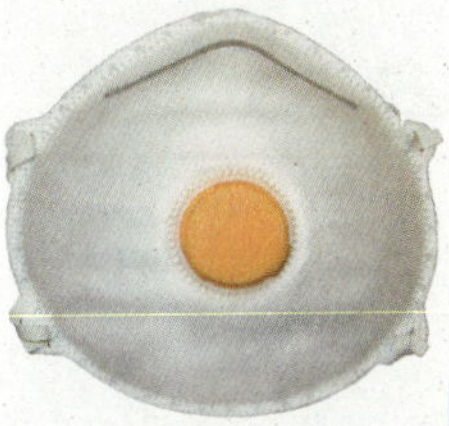 ☐	 ☐
Großer Heizkörperpinsel	Stehleiter	Airlessspritzgerät	Heißluftfön
 ☐	 ☐	 ☐	 ☐
Schutzbrille	Klebeband	Tapezierbürste	Cutter
 ☐	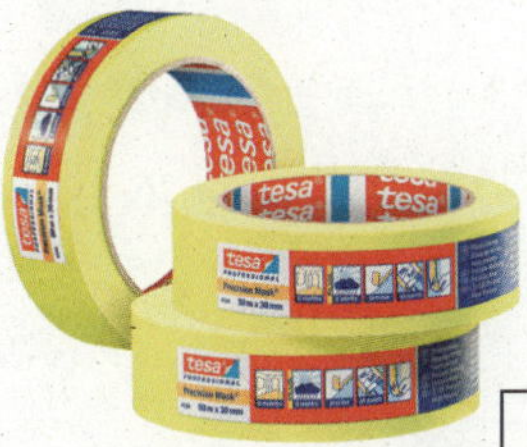 ☐	 ☐	 ☐

Aufgabe 40

Sie beschichten mithilfe eines Airlessgerätes die Wandflächen der Mehrzweckhalle mit Dispersionsfarbe. Was müssen Sie beachten, um die Arbeitssicherheit nicht zu gefährden?

Aufgabe 41

Die Halle soll sich farblich leicht von den anderen Räumen absetzen. Der Kunde wünscht ein zartes Gelb.

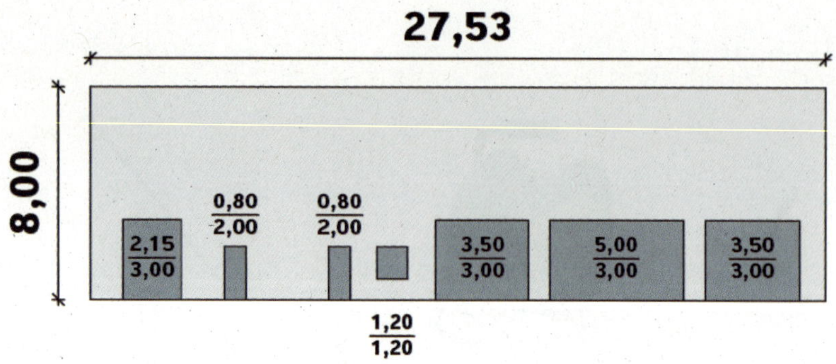

N

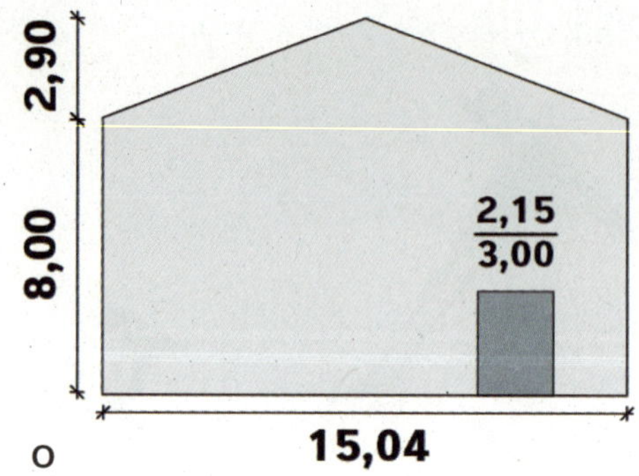

O

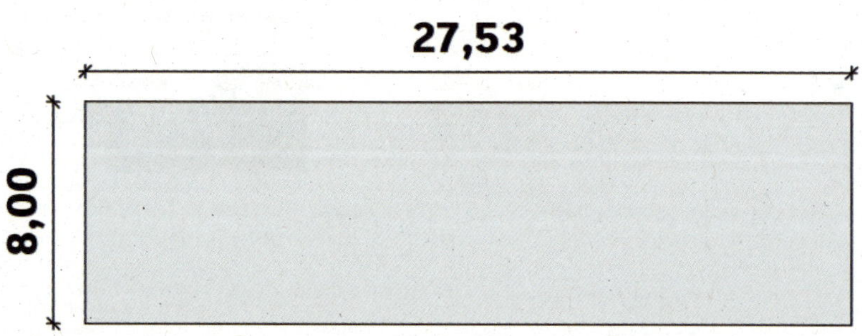

S

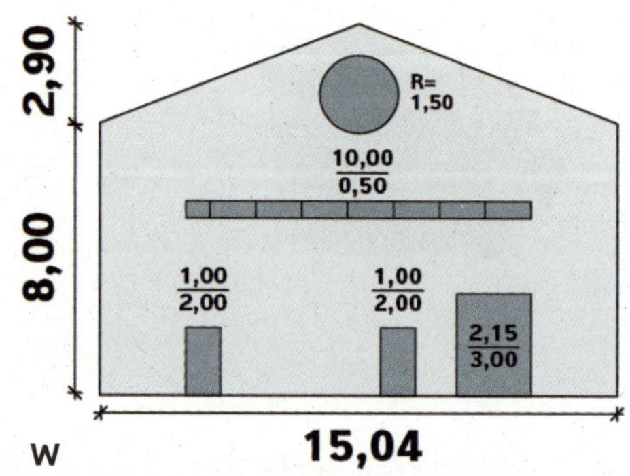

W

a) Wie viele Liter Dispersionsfarbe müssen für diesen Kundenauftrag abgetönt werden, wenn man bei der ausgewählten Beschichtung von einem durchschnittlichen Verbrauch von 130 – 150 ml/m² ausgeht?

Bezeichnungen	Abmessungen	Teilfläche	Abzug
Wand Nord			
		Gesamtfläche Wand Nord:	

Bezeichnungen	Abmessungen	Teilfläche	Abzug
Wand Ost			
		Gesamtfläche Wand Ost:	
Wand Süd			
		Gesamtfläche Wand Süd:	
Wand West			
		Gesamtfläche Wand West:	
	Gesamtfläche Halle:		

Berechnung des Bedarfs:

b) Die Beschichtung ist in folgenden Gebindegrößen erhältlich: 2,5 l, 10 l und 15 l. Wie viele Gebinde würden Sie für diesen Auftrag abtönen? Diskutieren Sie auch über Ihre Ergebnisse mit Ihren Kollegen.

KUNDENAUFTRAG

Ein ehemaliges Großraumbüro wird neu vermietet. Der neue Mieter ist eine Anwaltskanzlei mit angeschlossenem Notariat. Um in den Büroräumen ungestört Mandantengespräche führen zu können, sind jedoch bauliche Maßnahmen erforderlich. Vor dem Einzug der Kanzlei lässt der Vermieter das Großraumbüro durch Ihr Unternehmen in kleinere Einzelbüros unterteilen.

Objektbeschreibung

Decke:	alter, fest haftender Objektvlies auf einer tragfähigen Betondecke; mit Dispersionsfarbe weiß beschichtet
Wandflächen:	Hochlochziegelmauerwerk, mit Gipsputz glatt verputzt und mit Dispersionsfarben hell beschichtet; an einer Stirnwand wurde der Putz für die Verlegung neuer Kabel aufgestemmt.
Boden:	zementärer Fließestrich, mit 1–2 mm Ausgleichsmasse egalisiert und mit altem Teppichboden belegt

Auszuführende Arbeiten

- Analyse der Bausituation zur Planung und Beratung
- Erstellen von Trockenbauwänden
- Abhängen der Decke
- Beplankung der Stirnwand

Grundriss
Raumhöhe: 3,10 m

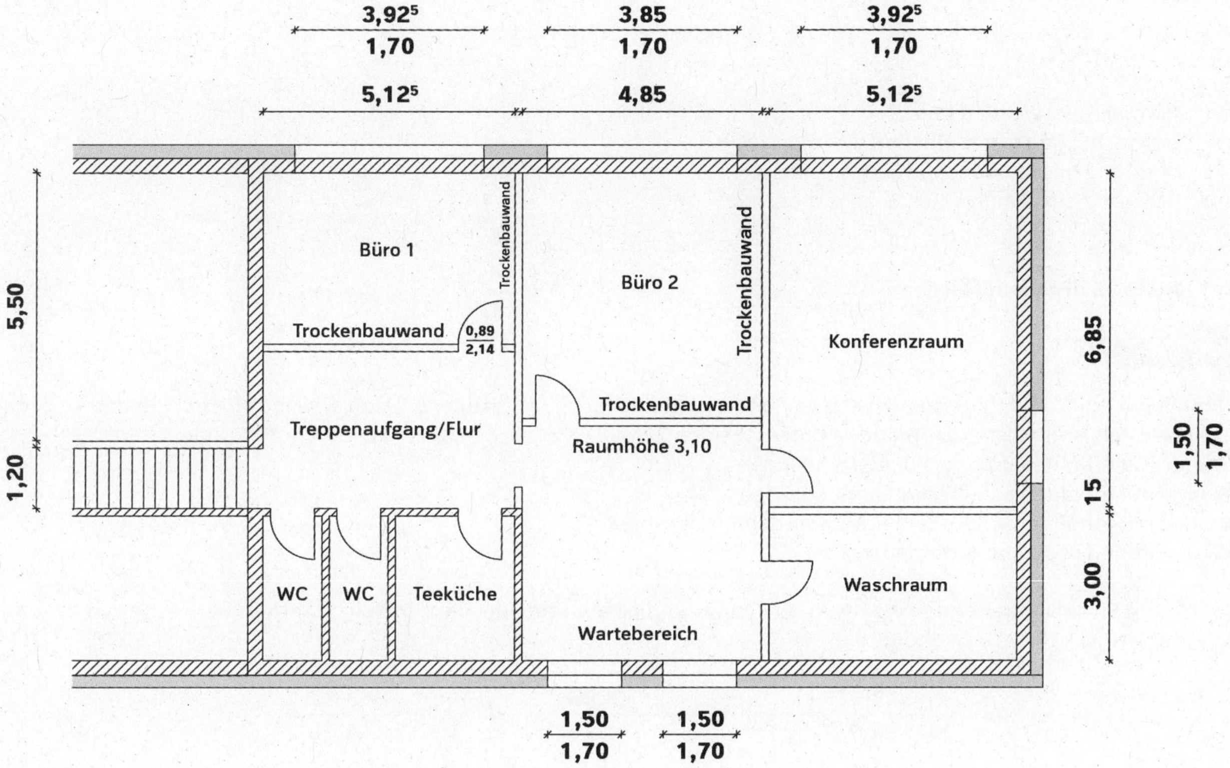

ANALYSE DER BAUSITUATION ZUR PLANUNG UND BERATUNG

Bei der Neugliederung der Räume sollen besondere Anforderungen berücksichtigt werden. Der Konferenzraum soll einen erhöhten Schallschutz aufweisen, um dort vertrauliche Gespräche führen zu können. Die Wände zum Flur mit Treppenaufgang müssen den Brandschutzauflagen nach DIN 4102-2 bzw. der Feuerwiderstandsklasse F60 genügen.

Leistungsbeschreibung

Pos. 1 Aufmaß der Wandflächen
Pos. 2 Ermittlung des Materialbedarfs
Pos. 3 Beratung des Kunden zum Brandschutz
Pos. 4 Beratung des Kunden zum Schallschutz

Pos. 1 Aufmaß der Wandflächen

Aufgabe 1

Zur Erstellung eines Angebots sollen Sie beim Ermitteln der Massen unterstützen. Dazu sind die zu erstellenden Trockenbauwände nach ihrer Fläche zu ermitteln. Unterscheiden Sie dabei folgende Leistungen:

1. Wände mit erhöhten Brandschutzanforderungen
2. Wände mit erhöhten Schallschutzanforderungen
3. Wände mit erhöhten Schall- und Brandschutzanforderungen
4. Wände ohne besondere Anforderungen

a) Markieren Sie die betreffenden Wände im Grundriss und beschriften Sie diese mithilfe der Nummerierung von 1 bis 4.

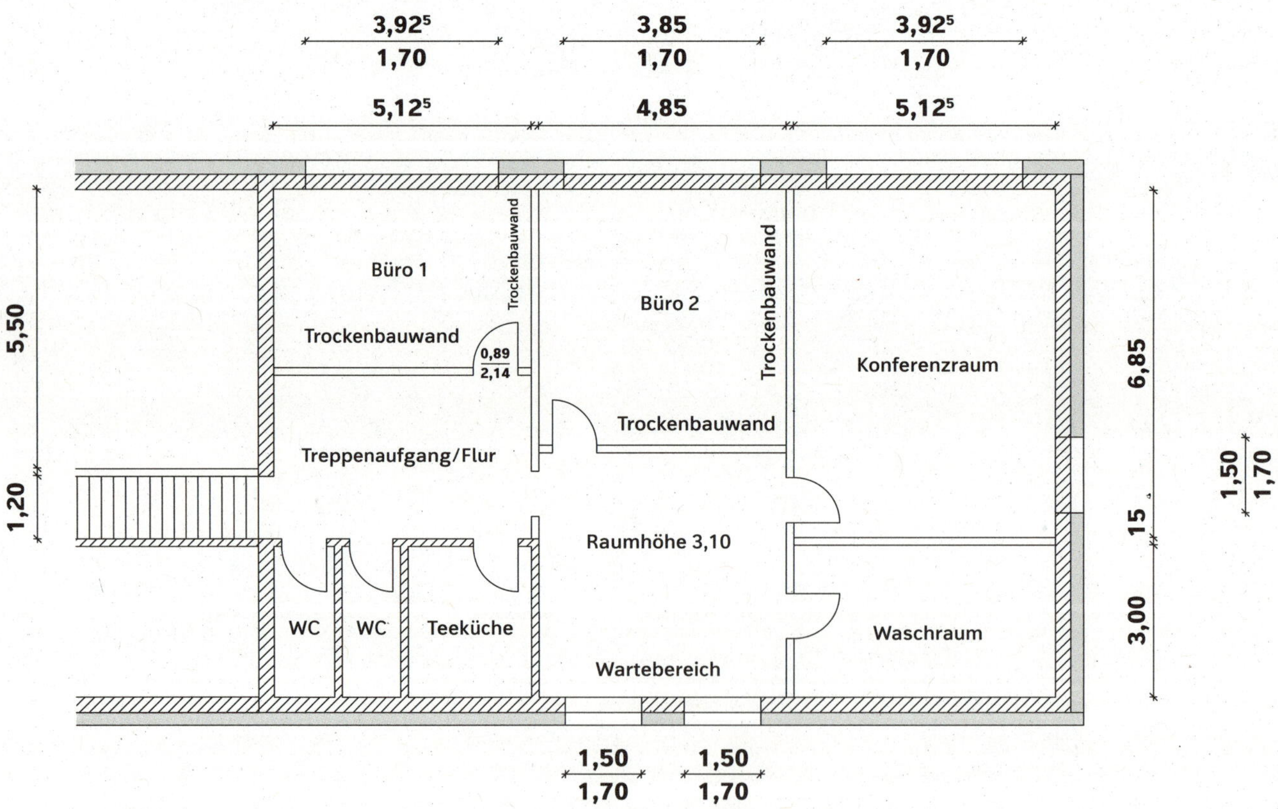

b) Erstellen Sie das Aufmaß nach den Vorgaben der VOB für die vier verschiedenen Wandflächen.

Bezeichnungen	Abmessungen	Einzelflächen/ Zuzüge	Abzug	Reiner Messgehalt
Trockenbauwände mit erhöhten Brand-schutzanforderungen				
Trockenbauwände mit erhöhten Schall-schutzanforderungen				
Trockenbauwände mit erhöhten Schall- und Brandschutz-anforderungen				
Trockenbauwände ohne besondere Anforderungen				

c) Der Kunde reklamiert Ihr Aufmaß, da ja die Türöffnungen nicht abgezogen worden sind. Nehmen Sie dazu Stellung und begründen Sie Ihren Standpunkt.

Pos. 2 Ermittlung des Materialbedarfs

Aufgabe 2

Neben dem Aufmaß nach VOB, welches die zu erstellenden Flächen für ein Angebot und eine spätere Rechnung ermittelt, muss auch das einzusetzende Material geplant werden.
Recherchieren Sie zunächst, welche Materialien für die Erstellung von einfachen Trockenbauwänden generell benötigt werden. Suchen Sie auch nach besonderen Materialien für den Brand- und Schallschutz.
Ergänzen Sie anschließend die folgende Mindmap um Ihre Rechercheergebnisse.

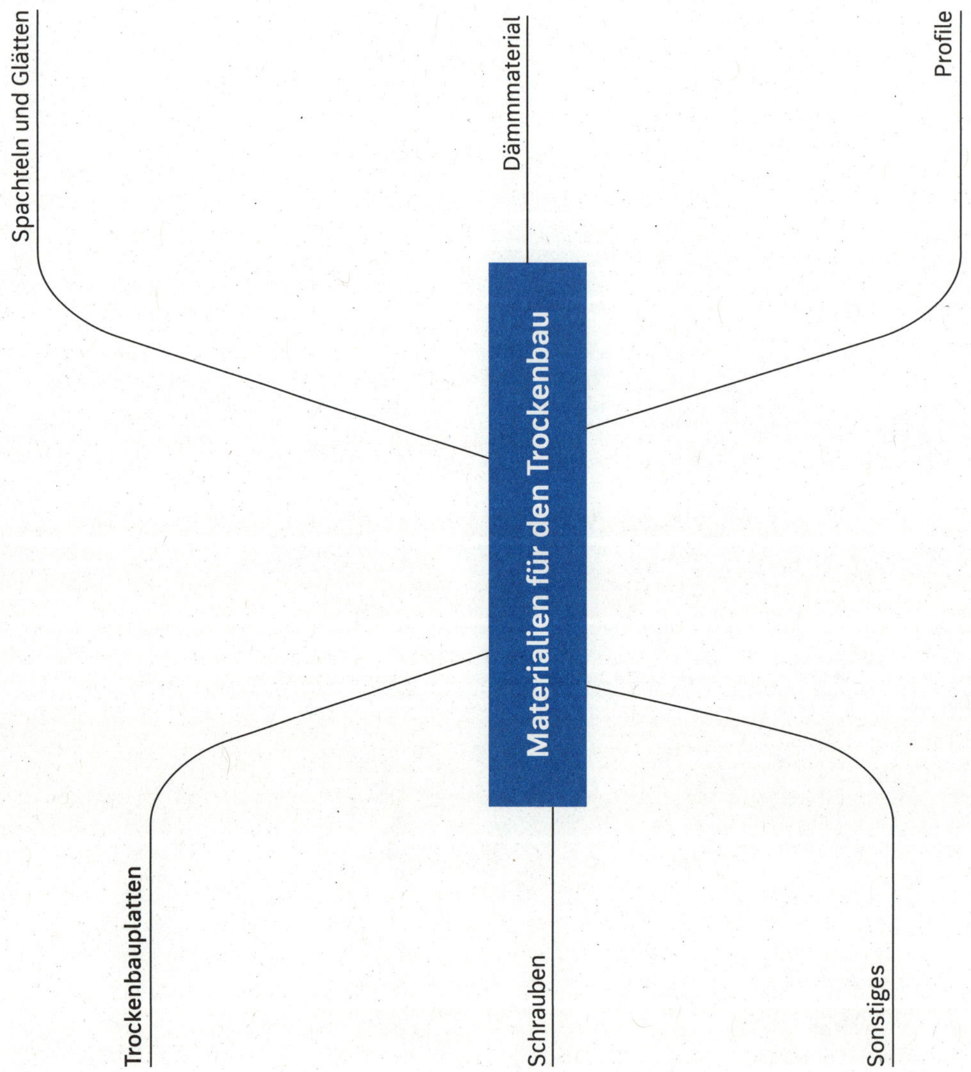
Materialien für den Trockenbau
Spachteln und Glätten
Dämmmaterial
Profile
Trockenbauplatten
Schrauben
Sonstiges

Wie würden Sie entscheiden?

Der Kunde möchte als Untergrundkonstruktion auf alle Fälle mit Holz arbeiten. Was raten Sie dem Kunden?

Aufgabe 3

Nach Ihrer Beratung zieht der Kunde nun doch ein Ständerwerk aus Metallprofilen in Erwägung.
Zur Materialkalkulation sollen Sie ermitteln, welche Mengen der beiden abgebildeten Profile benötigt werden.

a) Bezeichnen Sie zunächst die abgebildeten Profile.

b) Aus den Herstellerangaben entnehmen Sie folgende Informationen zu den Verbrauchsmengen:
- ungefährer Bedarf an UW-Profilen je Quadratmeter Trockenbauwand: 0,70 m/m²
- ungefährer Bedarf an CW-Profilen je Quadratmeter Trockenbauwand: 2,00 m/m²
- ungefährer Bedarf an UA-Profilen: 5,5 m/Tür

Ermitteln Sie den Profilbedarf für alle Trennwände im Büro nach den genannten Herstellerangaben.

Pos. 3 Beratung des Kunden zum Brandschutz

Aufgabe 4

Trockenbaukonstruktionen, die mit Gipskartonplatten beplankt sind, leisten einen guten Beitrag zum Brandschutz. Dies liegt vor allem an den guten Eigenschaften des Baumaterials Gips.

a) Vervollständigen Sie die folgende Zeichnung zum einfachen Gipskreislauf.

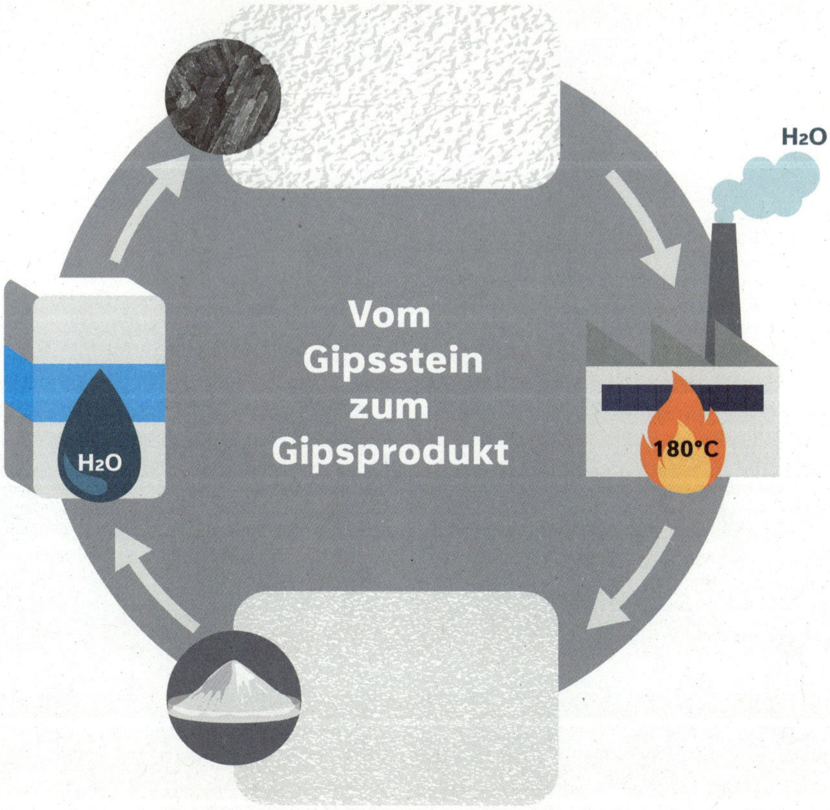

Erläutern Sie, wie Gipskartonplatten den Brandschutz unterstützen können.

Aufgabe 5

Die Wand zum Flur mit Treppenaufgang soll eine Feuerwiderstandsklasse F60 aufweisen. Erläutern Sie die Bedeutung der Angabe F60.

Aufgabe 6

Geben Sie Möglichkeiten an, die die Feuerwiderstandsklasse einer Trockenbauwand erhöhen.

Pos. 4 Beratung des Kunden zum Schallschutz

Aufgabe 7

Erläutern Sie anhand der folgenden Abbildung den Unterschied zwischen Körperschall und Luftschall.

Aufgabe 8

Neben Körperschall und Luftschall gibt es zahlreiche weitere Begriffe im Zusammenhang mit der Schallübertragung. Im Folgenden sind einige davon erwähnt:

Frequenz

Periodendauer

Hörbereich

Schalldruck

Schallpegel

Lautstärke

Suchen Sie sich mindestens einen Begriff aus und zeichnen Sie ein passendes Lernbild. Sie dürfen auch mehrere Begriffe in einem Lernbild zusammenführen.

Ein Lernbild ermöglicht die Kombination aus Faktenwissen und kreativer Gestaltung. Inhalte werden systematisch angeordnet und mit kreativen Zeichnungen ergänzt oder erläutert. Ein Thema wird auf seine wichtigsten Merkmale reduziert. Wörter werden in Großbuchstaben geschrieben, ganze Sätze werden vermieden. Bilder, Pfeile, Verbindungen, Einrahmungen, Symbole oder Piktogramme sowie verschiedene Farbtöne fördern die Lebhaftigkeit und die Erinnerbarkeit des Lernbildes

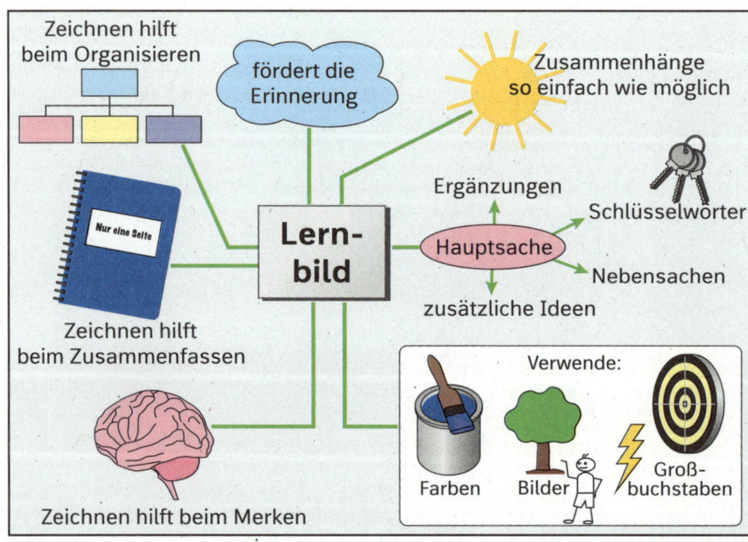

Experiment

Im folgenden Experiment soll die Schallschutzwirkung verschiedener Bauplatten untersucht werden.
Bauen Sie jeweils einen einseitig geöffneten Würfel aus folgenden Materialien:

- Spanplatte
- Porenbeton
- Gipskarton (Standardplatte)
- Gipskarton (spezielle Schallschutzplatte)

Alle Würfel sollen die gleiche Größe haben. Die Innenmaße müssen so gewählt werden, dass ein Smartphone darin Platz hat. Verwenden Sie Platten mit gleicher Plattenstärke.
Um die Lautstärke zu messen, benötigen Sie ein entsprechendes Messgerät. Beispielsweise kann ein zweites Smartphone mit einer entsprechenden App verwendet werden. Suchen Sie dazu bei Ihrem App-Anbieter nach „Dezibel-Messgerät“. Stellen Sie nun den Weckton Ihres Smartphones ein, legen es auf einen Tisch und verdecken es nacheinander mit den verschiedenen Bauplatten-Würfeln. Achten Sie darauf, dass der Vibrationsalarm ausgestellt ist.
Messen Sie mit dem Messgerät die ankommende Lautstärke. Achten Sie auf die immer gleiche Messposition.

Versuchsaufbau:

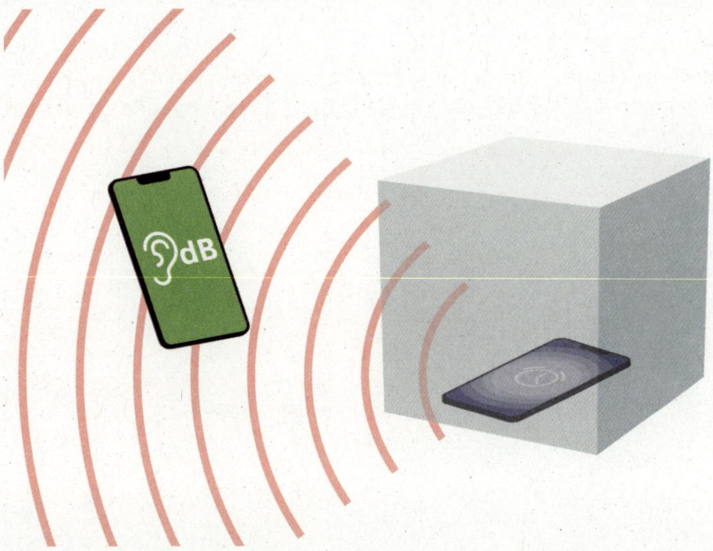

a) Tragen Sie Ihre Messergebnisse in die Tabelle ein:

Bauplattenmaterial	Spanplatte	Porenbeton	Gipskartonplatte (Standard)	Gipskarton-Schallschutzplatte
gemessene Lautstärke in dB (A)				

b) Interpretieren Sie das Ergebnis. Entscheiden Sie dabei, welcher Baustoff für die Unterteilung der Büroräume am besten geeignet ist.

ERSTELLEN VON TROCKENBAUWÄNDEN

Das Großraumbüro soll durch Trockenbauwände neu unterteilt werden. Die Stahlbetondecke ist mit einem Glattvlies beklebt und mit einer Dispersionsfarbe beschichtet. Die vorhandenen Wandflächen sind mit Gipsputz versehen und ebenfalls mit Dispersionsfarben beschichtet. Auf dem Fließestrich befindet sich ein alter Teppichboden, der jedoch gegen einen anderen Belag ausgetauscht werden soll.

Leistungsbeschreibung

Pos. 1 Vorbereiten der Anschlussstellen
Pos. 2 Montieren der Trockenbauwand
Pos. 3 Verspachteln und Beschichten

Pos. 1 Vorbereiten der Anschlussstellen

Wie würden Sie entscheiden?

Der Kunde schlägt vor, den alten Teppichboden als Schallschutz zwischen den Montageprofilen und dem Boden zu belassen. So könnten die Materialkosten gesenkt werden, da nun keine Dämmstreifen montiert werden müssten. Nehmen Sie zu diesem Vorschlag Stellung.

Aufgabe 9

Ein Meter Dämmstreifen kostet Ihren Betrieb im Einkauf 0,79 € netto. Berechnen Sie die Höhe der möglichen Materialkosteneinsparung.

Aufgabe 10

Skizzieren Sie den Aufbau einer Trockenbauwand, wobei das Tragskelett, die Wandbauplatten, das Dämmmaterial und die Beschichtung zu erkennen sein sollen.

Wie würden Sie entscheiden?

Welche Schrauben würden Sie für die Verarbeitung von Gipskartonbauplatten benutzen? Benennen Sie die Schrauben und begründen Sie Ihre Auswahl

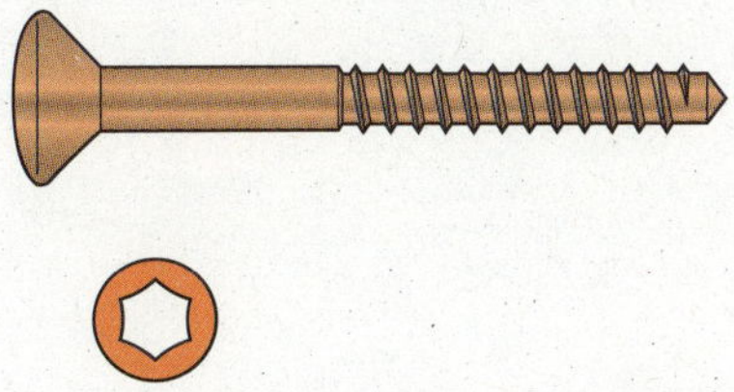

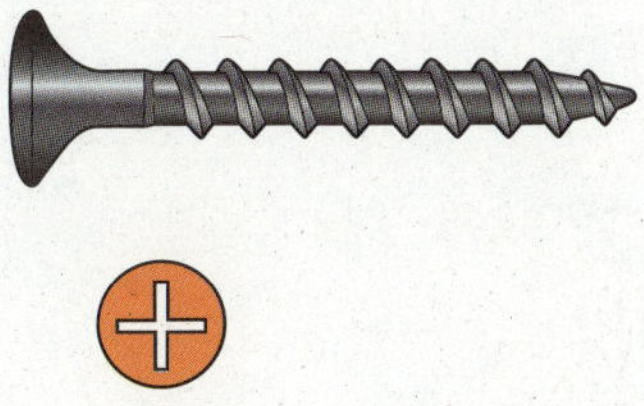

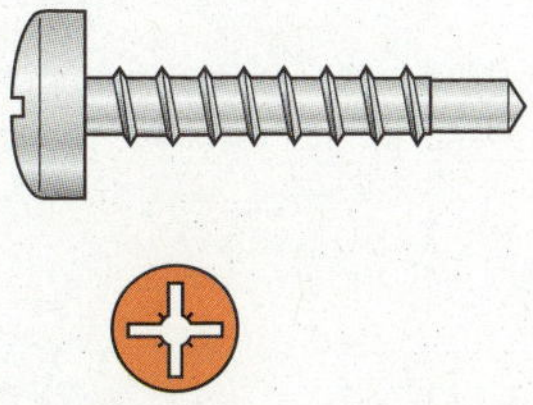

Pos. 2 Montieren der Trockenbauwand

Aufgabe 11

Bringen Sie die gezeigten Arbeitsschritte der Montage einer Trockenbauwand in die richtige Reihenfolge und beschreiben Sie diese kurz.

Schritt	Bild	Erklärung des Arbeitsschritts
	 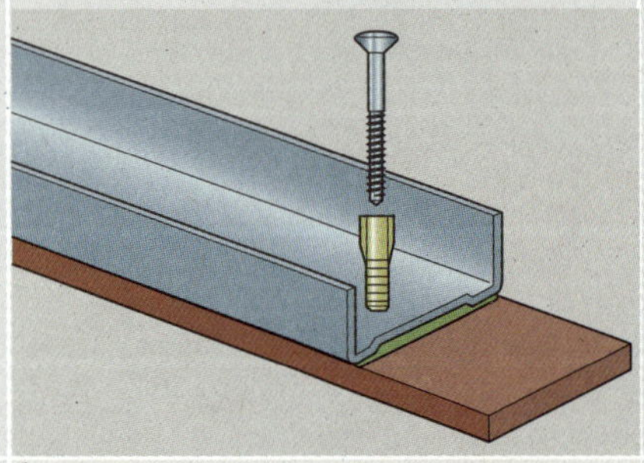	

Schritt	Bild	Erklärung des Arbeitsschritts

Aufgabe 12

Auf der Plattenrückseite finden Sie folgende Kennzeichnung:
Gipsplatte DIN 18 180 –GKB 12,5–2 000 AK. Was bedeutet diese Kennzeichnung?

Aufgabe 13

Was ist auf den Abbildungen nicht sachgerecht ausgeführt und welche Folgen können diese Montagefehler haben?

Fehler:

Folgen:

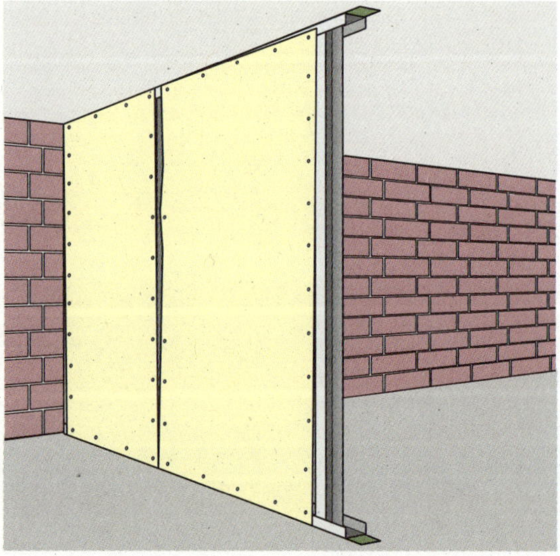

Fehler:

Folgen:

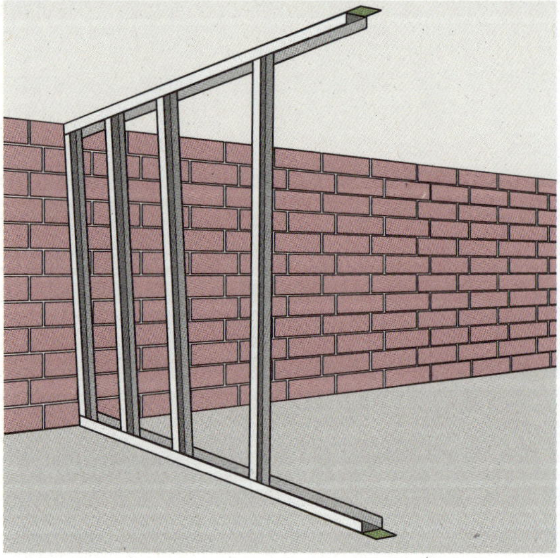

Fehler:

Folgen:

Fehler:

Folgen:

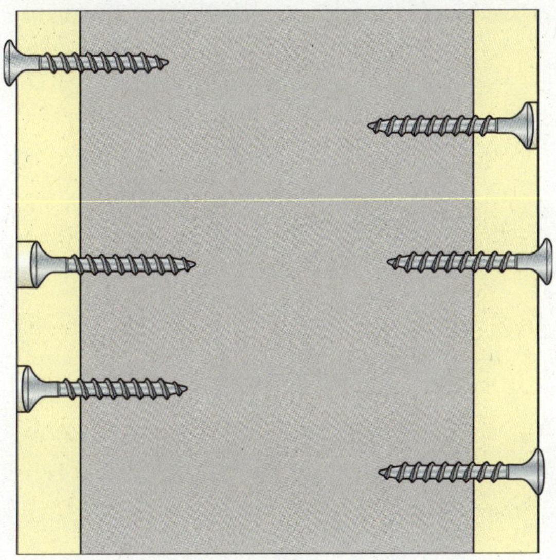

Fehler:

Folgen:

Pos. 3 Verspachteln und Beschichten

Wie würden Sie entscheiden?
Die Trockenbauwand soll anschließend von außen mit einer Kalkglättetechnik versehen werden. Der Innenbereich wird mit einer Dispersionsfarbe beschichtet. In welcher Qualitätsstufe der Oberflächengüte verspachteln Sie die Wand?

Aufgabe 14

Sie sollen gemeinsam mit einem Praktikanten die Grundverspachtelung der Wände ausführen.
Erklären Sie dem Praktikanten stichpunktartig die weitere Vorgehensweise bis zur Qualitätsstufe 4.

ABHÄNGEN DER DECKE

In den beiden Büroräumen soll die Decke auf eine Höhe von 2,50 m abgehängt werden. Diese bauliche Maßnahme dient der Verkleidung von elektrischen Leitungen und Lüftungsrohren. Zur optischen Gestaltung und zur Verminderung von Halleffekten soll eine strukturierte Oberfläche ausgeführt werden.

Pos. 1 Montieren der Unterkonstruktion
Pos. 2 Befestigung der Trockenbauplatten

Pos. 1 Montieren der Unterkonstruktion

Aufgabe 15

Ihre Meisterin beauftragt Sie damit, Werkzeuge und Materialien zur Montage der Unterkonstruktion zusammenzustellen. Dabei entdecken Sie die in der Tabelle abgebildeten Objekte.
Benennen Sie die Werkzeuge und Materialien und beschreiben Sie kurz deren Einsatzbereich.

Werkzeug/Material	Einsatzbereich
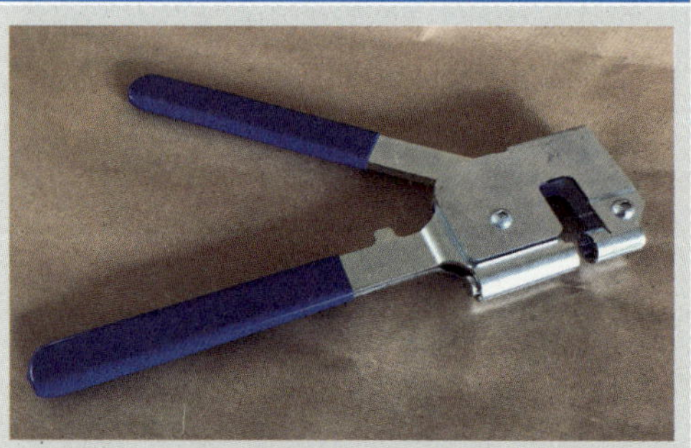	
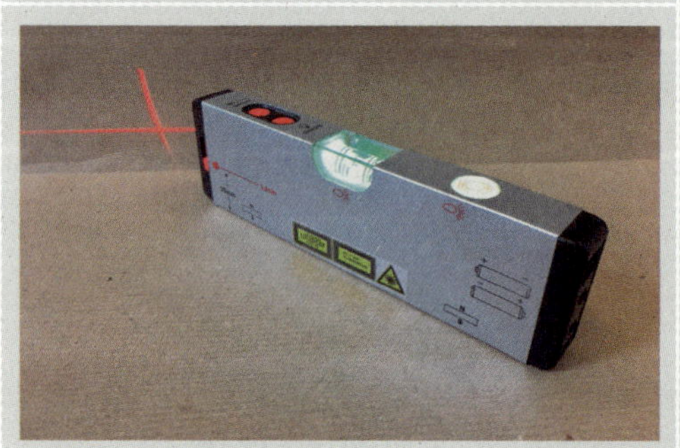	
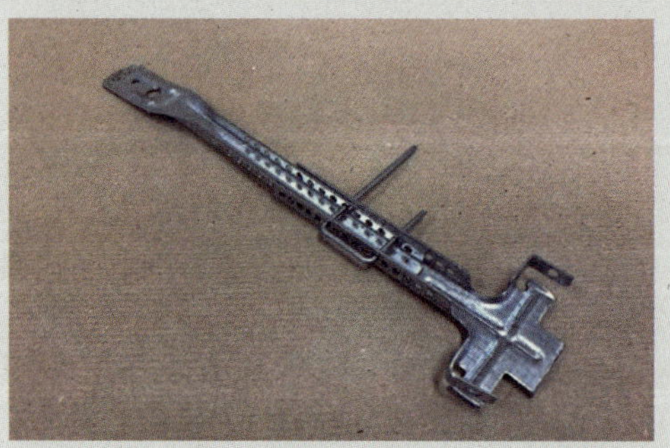	

Werkzeug/Material	Einsatzbereich

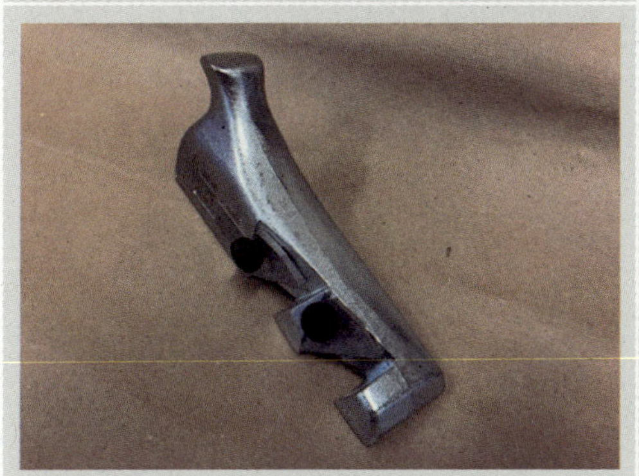	

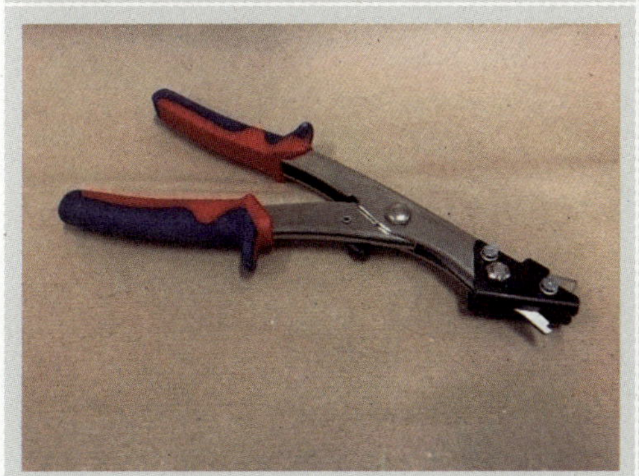	

Aufgabe 16

Erstellen Sie einen Arbeitsplan zur Montage der Unterkonstruktion. Geben Sie dazu die Arbeitsschritte in der korrekten Reihenfolge an und nennen Sie benötigte Materialien. Nutzen Sie die folgenden Abbildungen als Orientierung.

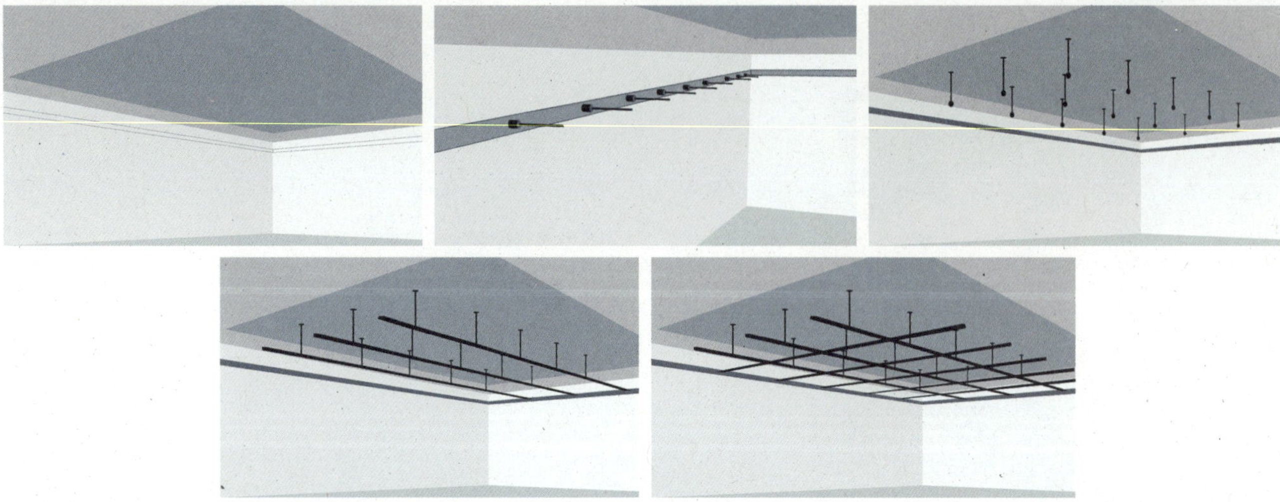

Arbeitsschritt	benötigte Materialien und Werkzeuge

Pos. 2 Befestigung der Trockenbauplatten

Aufgabe 17

Zur Befestigung der Trockenbauplatten an der Metallunterkonstruktion sollen Sie einen Verlegeplan erstellen. Die Decken werden zweilagig beplankt. Zeichnen Sie die Fugen der ersten und zweiten Plattenlage ein.

Tragprofil

Aufgabe 18

Der Kunde hat bemängelt, dass die Gipskartonplatten nur mit den Trägerprofilen verschraubt wurden, jedoch nicht mit den an der Wand montierten umlaufenden UD-Profilen.
Erläutern Sie dem Kunden, weshalb sie fachlich korrekt auf die Verschraubung mit den UD-Profilen verzichten.

BEPLANKEN DER STIRNWAND

An der langen Stirnwand im Konferenzraum, gegenüber der Tür, wurde der Putz zur Verlegung neuer Kabel und Anschlüsse partiell abgestemmt. Der verbliebene Putz ist tragfähig. Um wieder eine einheitlich planebene Fläche zu erzeugen, soll die Wand mit Trockenbauplatten beklebt und anschließend verspachtelt werden.

Aufgabe 19

Geben Sie Vorteile einer Wandbekleidung mit Gipskartonplatten („Trockenputz“) gegenüber einer herkömmlichen neuen Nassverputzung an.

Aufgabe 20

Die Gipskartonplatten werden auf den tragfähigen Untergrund mit einem Ansetzmörtel aufgeklebt. Der Klebeauftrag auf die Platten kann im „Dünnbett“ oder mit dem Auftrag von „Batzen“ verklebt werden.
Durch die Stemmarbeiten ist der Untergrund leicht uneben.

a) Entscheiden Sie sich für ein Klebeverfahren und begründen Sie Ihre Auswahl.

Klebeverfahren:

Begründung:

b) Zeichnen Sie auf der unten abgebildeten Gipskartonplatte die Stellen ein, an die Sie den Ansetzmörtel auftragen.

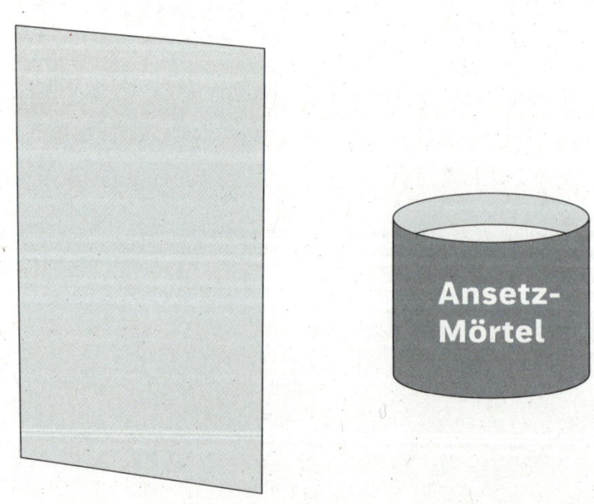

KUNDENAUFTRAG

Ihre Malerfirma wird beauftragt, Malerarbeiten an der vorderen und hinteren Hausfassade sowie im Innenbereich eines Mehrfamilienhauses durchzuführen. Aufgrund eines Wasserschadens sind Instandsetzungsmaßnahmen in einer Wohnung notwendig. Im Keller muss der Putz an den Wänden erneuert werden.

Objektbeschreibung

Mehrfamilienhaus mit einem Büro eines Veranstalters

Fassade vorne:	Glattputz der Putzmörtelgruppe II mit starken Verschmutzungen und Rissen
Fassade hinten:	Putz der Putzmörtelgruppe II in Kratzputzstruktur mit Rissen
Innenbereich:	Büro mit Wasserschaden
Keller:	mürber, beschichteter Kalkputz an den Wänden der Kellerräume; Decken unbeschädigt

Auszuführende Arbeiten

- Instandsetzen und Beschichten der Fassade
- Erneuerung des Putzes im Keller
- Kundenberatung für Instandsetzungsmaßnahmen durchführen

Fassade vorne

Fassade hinten

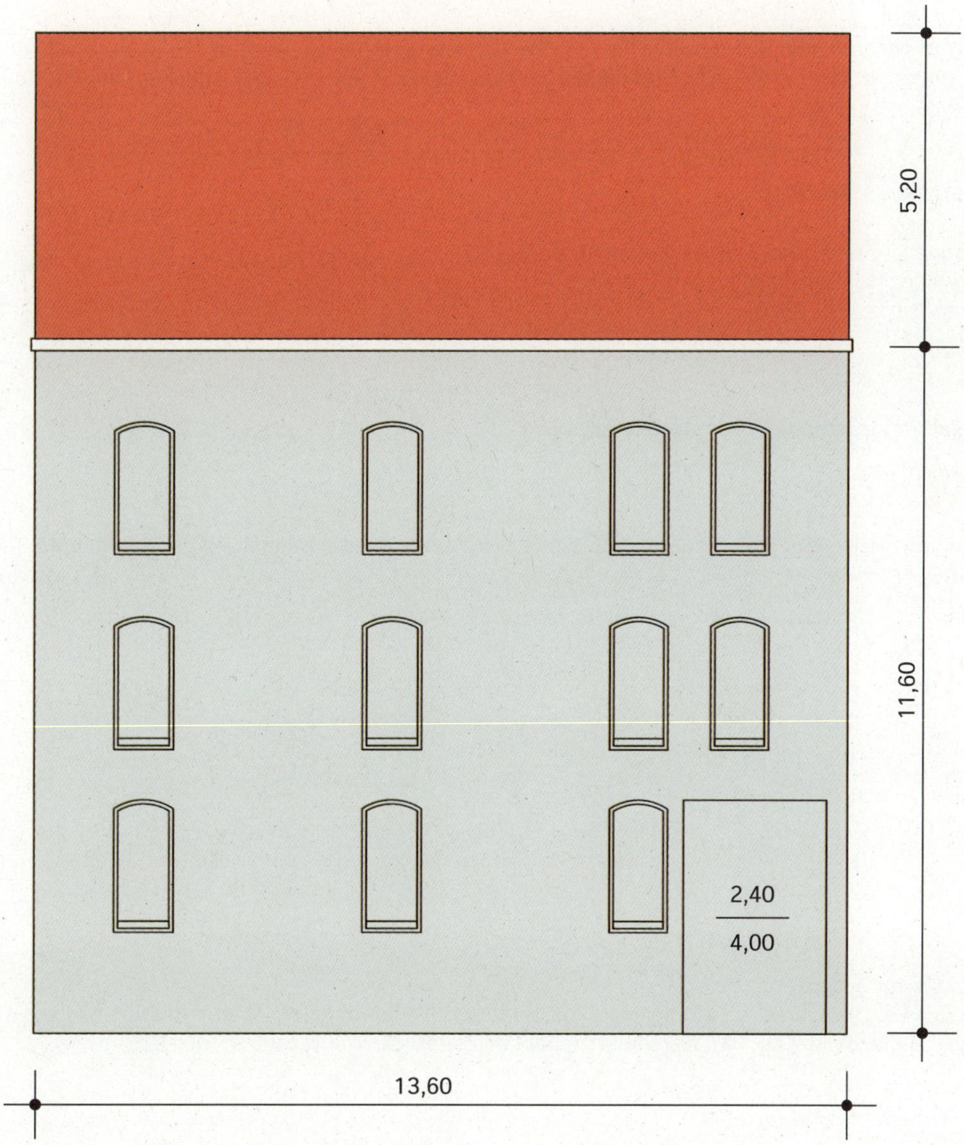

Fenster

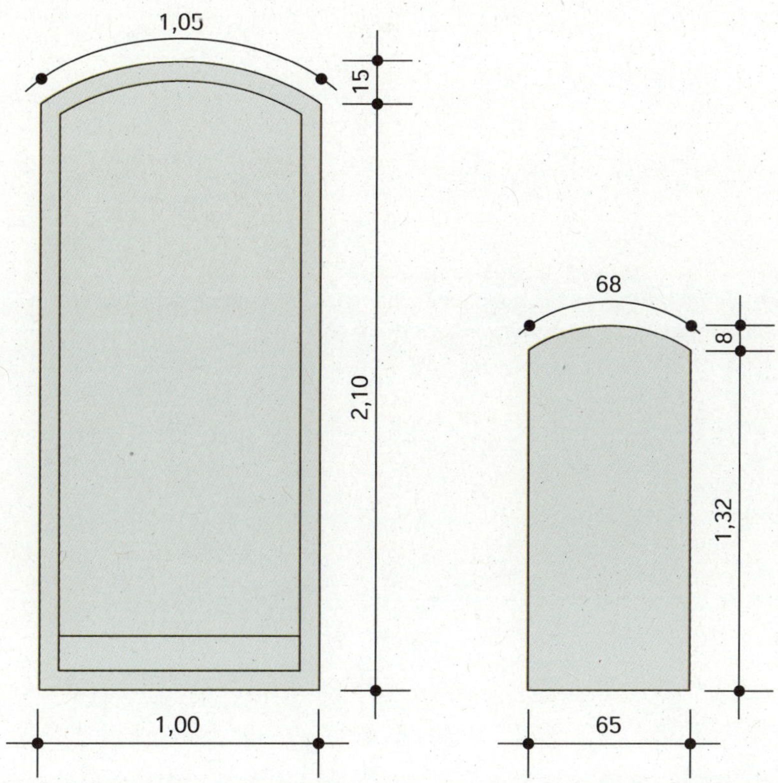

INSTANDSETZEN UND BESCHICHTEN DER FASSADE

Die Fassade des Mehrfamilienhauses soll eine neue Beschichtung erhalten. Die alte Fassadenbeschichtung ist verschmutzt und weist Schadstellen auf. Außerdem sind Risse zu erkennen. Der Kunde möchte eine komplette Erneuerung des Putzes nach Möglichkeit vermeiden.

Leistungsbeschreibung

Pos. 1 Fassade einrüsten und Baustelle einrichten
Pos. 2 Prüfen des Untergrunds
Pos. 3 Instandsetzen der Risse
Pos. 4 Fassade beschichten

Pos. 1 Fassade einrüsten und Baustelle einrichten

Aufgabe 1

Das Gerüst wurde von einer Gerüstbaufirma aufgestellt und muss vor der Benutzung geprüft werden. Wer darf diese Prüfung durchführen?

Wie würden Sie entscheiden?

Die Prüfung des Gerüsts wurde mit einem Protokoll bestätigt. Trotzdem fallen Ihnen erhebliche Mängel wie z. B. loser Belag oder fehlender Seitenschutz auf. Auf der Baustelle gibt es Zeitdruck. Wie verhalten Sie sich?

Aufgabe 2

Sie kommen nach einem Sturm auf die Baustelle. Bis auf die beschädigte Einhausung scheint alles in Ordnung zu sein. Dürfen Sie das Gerüst nach einer Inaugenscheinnahme wieder benutzen?

Aufgabe 3

Das Gerüst wurde mit einem dichten Netz eingehaust. Nennen Sie drei Vorteile einer Einhausung mit einem Netz.

Aufgabe 4

Bei welchen Arbeiten sind PVC-beschichtete Planen als Einhausung sinnvoll? Begründen Sie Ihre Antwort.

Aufgabe 5

Welche Art der Gerüstbekleidung kommt bei einer Asbestsanierung zum Einsatz?

Aufgabe 6

Welche Folgen haben Diebstähle auf der Baustelle?

Aufgabe 7

Die Baustelle ist eingezäunt und wird nachts mithilfe von Wildtierkameras überwacht. Nennen und diskutieren Sie weitere Möglichkeiten, um nächtliche Diebstähle zu minimieren.

Aufgabe 8

Ihr Chef hat vorgesorgt: Neben abschließbaren und fest verankerten Transportboxen im Fahrzeug möchte er teure Geräte mit einem GPS-Sender ausstatten lassen. Recherchieren Sie im Internet, wie diese Technik funktioniert.

Wie würden Sie entscheiden?

Nachts ist die Baustelle gut gesichert, trotzdem fehlen Werkzeuge. Auf der Baustelle befinden sich mehrere Gewerke und mindestens 15 Personen. Wurden die Werkzeuge tagsüber auf der Baustelle geklaut?

Pos. 2 Prüfen des Untergrunds

Aufgabe 9

Welche Schäden können Sie an der Fassade bei einer augenscheinlichen Untergrundprüfung sofort erkennen?

Aufgabe 10

Im Gespräch mit dem Kunden erklären Sie, welche Anforderung eine Putzschicht zu erfüllen hat.

Aufgabe 11

Bei Rissen unterscheidet man optische und technische Mängel. Erklären Sie diese beiden Begriffe.

Pos. 3 Instandsetzen der Risse

Aufgabe 12

Vervollständigen Sie die folgenden Tabellen, indem Sie die fehlenden Risserscheinungsbilder einzeichnen und mögliche Ursachen für die Risse benennen.

Risse, die putztechnisch bedingt sind		
Aussehen der Risse	**Rissarten und Beschreibung**	**Mögliche Ursachen**
	Putzoberflächenrisse netzartige, sehr feine Risse in der obersten Putzlage; verteilen sich wie ein Spinnennetz; häufig erst zu sehen, wenn sie mit Wasser benetzt werden	
	durch Putzlagen gehende Risse netzartige Risse, die auch ohne Benetzungsprobe zu erkennen sind	
	Sackrisse, die meist horizontal durchhängen	

Risse, die vom Putzträger ausgehen		
Aussehen der Risse	**Rissarten und Beschreibung**	**Mögliche Ursachen**
	Risse an Stoß- und Lagerfugen Risse gehen durch die gesamte Putzlage, verlaufen entlang der Fugen des Mauerwerks	
	Risse durch Formveränderung unterschiedlicher Wandbildner z. B. bei in die Wand integrierten Rollladenkästen über Fenstern; netzartige Risse, die auch ohne Benetzungsprobe zu erkennen sind	

Baudynamische Risse		
Aussehen der Risse	**Rissarten und Beschreibung**	**Mögliche Ursachen**
	**Bautechnische und konstruktionsabhängige Risse** Risse verlaufen meist gerade, horizontal oder vertikal; schmal oder weiter geöffnete Risse; z. B. an Deckenanschlüssen oder Fensterecken	
	**Baugrundbedingte Risse** breite, tiefe Risse, die durch die gesamte Wand/das gesamte Mauerwerk gehen	

Wie würden Sie entscheiden?

Ein Kunde verlangt von Ihnen einen großen, weit aufklaffenden Riss zu verschließen. Nehmen Sie den Auftrag an? Wenn ja, unter welchen Umständen?

Aufgabe 13

Wie können Sie als Fachmann oder Fachfrau prüfen, ob ein baudynamischer Riss schon zur Ruhe gekommen ist oder sich noch weiter öffnet?

Aufgabe 14

Beschreiben Sie die Sanierung eines einzelnen konstruktiven Risses.

Aufgabe 15

Zu erkennen sind im Folgenden zwei Skizzen des Mehrfamilienhauses mit eingezeichneten Rissen.
Die verschiedenen Rissarten haben unterschiedliche Farbtöne.
Um welche drei Rissarten handelt es sich? Begründen Sie Ihre Auswahl.

Vorderseite des Gebäudes

1. Rissart

Nennung:

Begründung:

2. Rissart

Nennung:

Begründung:

Rückseite des Gebäudes

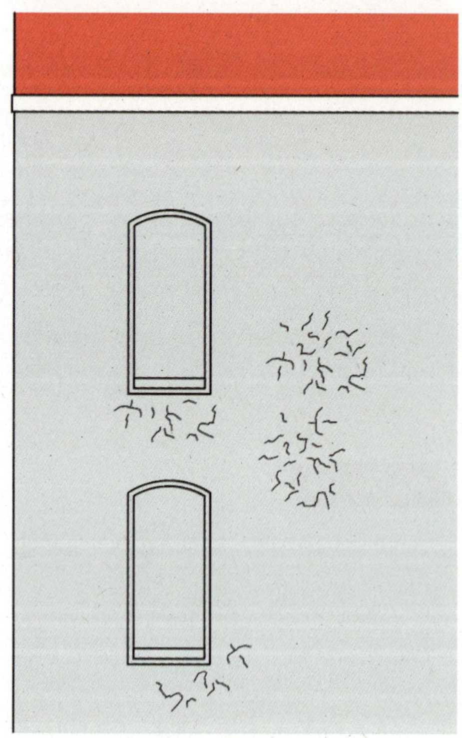

3. Rissart

Nennung:

Begründung:

Aufgabe 16

Wie können Sie die drei unterschiedlichen Rissarten aus der vorherigen Aufgabe sanieren? Informieren Sie sich durch Merkblätter und technische Richtlinien.

Rissart	mögliche Risssanierung
Netzrisse, durch Putzlagen gehende Risse	
Bautechnische Risse	
Putzoberflächenrisse, Haarrisse	

Aufgabe 17

Wählen Sie bei einem Hersteller Ihrer Wahl ein geeignetes Beschichtungssystem zur Risssanierung aus. Bedenken Sie, dass Sie verschiedene Systeme für die Fassade vorne und hinten verwenden können. Begründen Sie Ihre Auswahl.

Aufgabe 18

Bei der Auswahl eines geeigneten Beschichtungssystems zur Risssanierung fällt häufig der Begriff „plastoelastisch“. Welche Beschichtungsstoffe werden als plastoelastisch bezeichnet?

Pos. 4 Fassade beschichten

Aufgabe 19

Auf den nachfolgenden Zeichnungen sind verschiedene Arbeitsschritte des Beschichtungsvorgangs an einer Fassade abgebildet. Benennen Sie die Arbeitsschritte und schreiben Sie stichpunktartig auf, was dabei zu beachten ist. Bringen Sie die Arbeitsschritte durch Nummerierung in die richtige Reihenfolge.

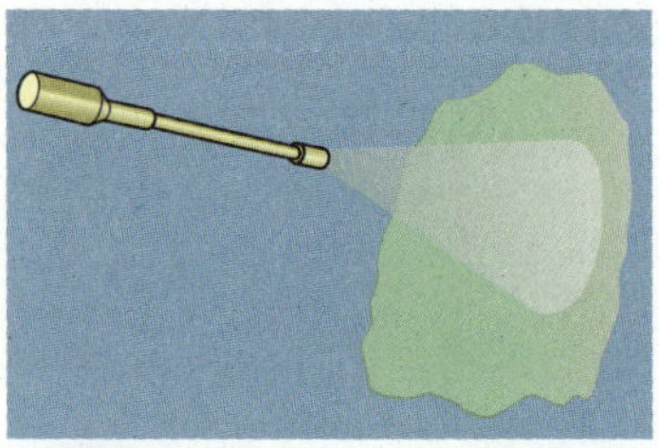

☐ **Arbeitsschritt:**

☐ **Arbeitsschritt:**

☐ **Arbeitsschritt:**

☐ **Arbeitsschritt:**

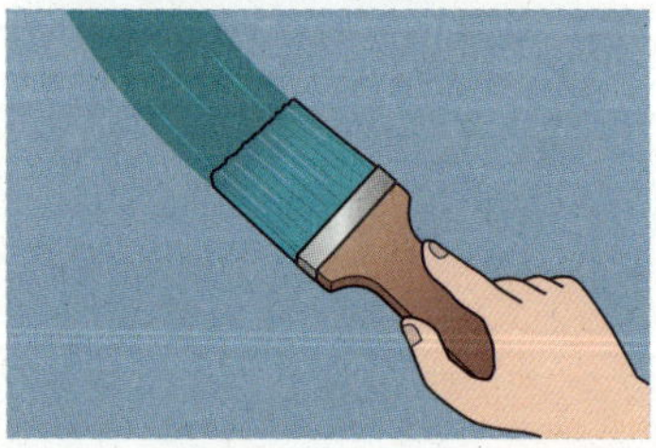

☐ **Arbeitsschritt:**

Aufgabe 20

Öffnungen werden nach VOB ab einer bestimmten Größe abgezogen. Nennen Sie diese Größe in m² und geben Sie an, ob die Fenster der Fassadenfläche im Kundenauftrag abgezogen werden müssen.

Aufgabe 21

Berechnen Sie die Putzflächen der Fassade nach VOB. Da die Möglichkeit besteht, dass Sie für die Vorder- und Rückseite der Fassade unterschiedliche Systeme zur Beschichtung wählen, berechnen Sie diese einzeln. Die Laibungen werden nach Metern abgerechnet. In diesem Fall wird der gesamte Umfang berechnet, da auch die Fensterbänke beschichtet werden.

Bezeichnungen	Abmessungen	Einzelflächen, Zuzüge	Einzelflächen, Abzüge	Reiner Messgehalt

Bezeichnungen	Abmessungen	Einzelflächen, Zuzüge	Einzelflächen, Abzüge	Reiner Messgehalt

Aufgabe 22

Für die Rückseite der Fassade haben Sie eine fasergefüllte Fassadenfarbe zum Überbrücken von Schwund- und Haarrissen ausgewählt. Welchem Zweck dienen die Fasern in der Beschichtung?

Aufgabe 23

Bei dem oben genannten Beschichtungssystem benötigen Sie eine Grundierung und eine Beschichtung, die sowohl als Zwischen- und Schlussbeschichtung verwendet werden kann.

Ermitteln Sie den Materialverbrauch für die Beschichtung der Rückseite der Fassade in Litern. Berechnen Sie einen Schütt- und Schwundverlust von 5 %. Entscheiden Sie anschließend, wie viele Gebinde Sie mitnehmen.

- Grundbeschichtung: Verbrauch: 30 ml pro m^2; Gebindegröße: 5 l/10 l
- Zwischen- und Schlussbeschichtung: Verbrauch: 250 ml pro m^2 je Anstrich; Gebindegröße: 12,5 l

Aufgabe 24

Bei der Abnahme der Arbeiten an der Fassade sieht der Chef, dass zwei Gerüstanker nicht entfernt wurden.

a) Wie gehen Sie bei den Gerüstankern vor?

b) Da das Gerüst bereits abgebaut ist, soll eine Arbeitsbühne für die Arbeiten gemietet werden. Es stehen die beiden folgenden Arbeitsbühnen zur Auswahl. Geben Sie jeweils Vor- und Nachteile an.

Arbeitsbühne	Vorteile	Nachteile
Scherenarbeitsbühne 		
Gelenkteleskoparbeitsbühne 		

Aufgabe 25

Wählen Sie eine Art der Arbeitsbühne für das Entfernen der Gerüstanker aus und begründen Sie Ihre Wahl.

Aufgabe 26

Nennen Sie drei Sicherheitsmaßnahmen beim Umgang mit der gewählten Arbeitsbühne.

ERNEUERUNG DES PUTZES IM KELLER

Der Keller des Hauses ist typisch für einen Keller eines Altbaus. Im Keller ist es immer etwas feucht. An den Wänden und an der Decke befindet sich ein Kalkputz. Dieser wurde vom Hausmeister an den Wänden mehrfach mit Kunststoffdispersionsfarbe überstrichen.

Leistungsbeschreibung

Pos. 1 Putzfördertechnik einrichten
Pos. 2 Untergrundprüfungen durchführen
Pos. 3 Abschlagen des Putzes
Pos. 4 Verputzen der Wandflächen

Pos. 1 Putzfördertechnik einrichten

Aufgabe 27

Ihr Chef ist erleichtert, da er ein Silo im Hinterhof des Gebäudes aufstellen lassen kann.

a) Welche Vorteile bieten die Verwendung von Putzsilos in Verbindung mit einer Vorrichtung zum Auftrag des Putzes?

b) Nennen Sie Nachteile von Silos in Verbindung mit einer Vorrichtung zum Putzauftrag.

Aufgabe 28

Silos werden je nach Hersteller häufig im Zusammenhang mit Putzmaschinen verwendet. Beschreiben Sie mithilfe Ihres Fachbuches die Vorgehensweise, um den Putz effizient aufzutragen.

Aufgabe 29

Beschriften Sie die Bestandteile der abgebildeten Putzmaschine.

Aufgabe 30

Wozu dient die gezackte Leiste auf dem Gitter des Trichters der Putzmaschine?

Aufgabe 31

Beschreiben Sie die Funktionsweise einer Putzmaschine.

Aufgabe 32

In der bereitgestellten Betriebsanweisung sehen Sie die folgenden Gebotszeichen. Nennen Sie die Bedeutung und begründen Sie, warum es sinnvoll ist, den Hinweisen zu folgen.

Gebotszeichen	Bedeutung	Begründung für Ausführung

Aufgabe 33

Ihr Chef plant die Anschaffung einer neuen Feinputzmachine. Der Anschaffungspreis liegt bei 5 263,89 € netto. Bei sofortiger Komplettzahlung erhält man einen Nachlass von 6 % vom Nettopreis. Berechnen Sie den Bruttopreis, wenn Ihr Chef das Gerät sofort komplett bezahlt.

Pos. 2 Untergrundprüfungen

Aufgabe 34

Aus welchen Bestandteilen besteht ein Kalkputz?

Aufgabe 35

Erklären Sie anhand des Kalkkreislaufes, wie aus Kalkstein ein erhärteter Kalkputz wird.

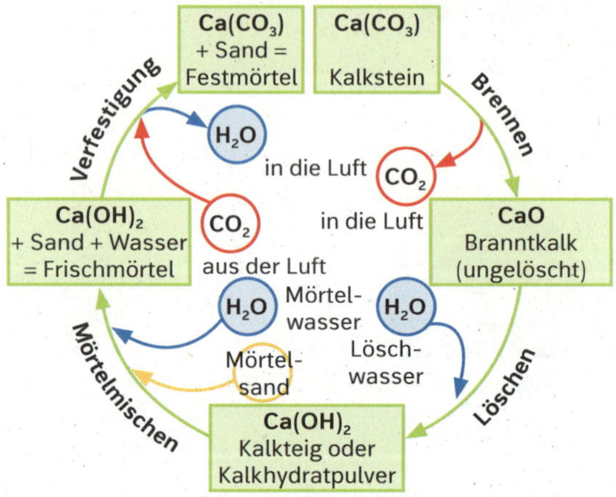

Aufgabe 36

Wie prüfen Sie die Festigkeit des Putzes?

Aufgabe 37

Sie stellen fest, dass der beschichtete Putz an den Wänden im gesamten Keller mürbe geworden ist, während der Putz an der Decke noch intakt ist.

a) Recherchieren Sie mithilfe Ihres Fachbuches oder im Internet mit welchen Beschichtungsstoffen Kalkputze beschichtet werden dürfen.

b) Erklären Sie, warum der beschichtete Kalkputz mürbe geworden ist.

Pos. 3 Abschlagen des Putzes

Aufgabe 38

Im Keller des Gebäudes wird der gesamte Putz an den Wänden abgeschlagen. Nennen Sie Maßnahmen zur Minimierung der Staubbelastung.

Aufgabe 39

Welche organisatorischen Maßnahmen können Sie treffen, damit sich der Staub aus dem Keller nicht mehr ausbreitet als nötig?

Aufgabe 40

In der bereitgestellten Betriebsanweisung für das Arbeiten unter hoher Staubbelastung sehen Sie, dass trockenes Kehren oder Fegen verboten ist. Warum? Wie entfernen Sie den Staub?

Aufgabe 41

Welche Vorteile bietet der Einsatz von Luftreinigern?

Aufgabe 42

Welche PSA nutzen Sie bei staubbelasteten Arbeiten, wenn die Gefahr besteht, dass der Staub quarzhaltig ist? Lesen Sie in einer Betriebsanweisung nach bzw. recherchieren Sie im Internet (z. B unter wingisonline.de, Stichwort: Tätigkeiten mit quarzhaltigen mineralischen Stäuben).

Aufgabe 43

Ihre Kollegin findet die Maßnahmen bei staubbelasteten Arbeiten unnötig. Sammeln Sie Argumente, um Ihre Kollegin zu überzeugen, dass die Maßnahmen richtig und wichtig sind.

Pos. 4 Verputzen der Wandflächen

Aufgabe 44

Beschriften Sie die Abbildung zum Aufbau eines dreilagigen Putzes.

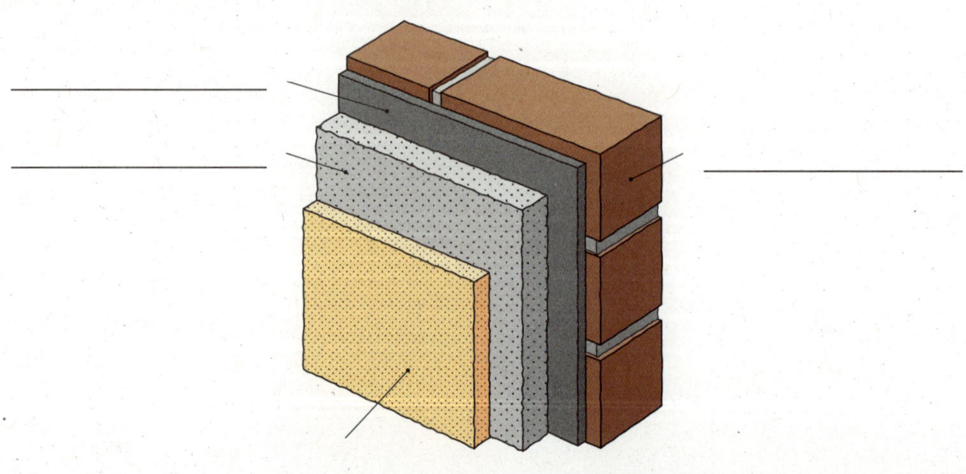

Aufgabe 45

Im Keller des Gebäudes soll ein neuer Ober- und Unterputz aufgetragen werden. Ihr Chef hat sich wieder für einen Kalkputz entschieden. Nennen Sie Vorteile eines Kalkputzes.

Aufgabe 46

Wie muss der Untergrund der Wände im Keller beschaffen sein, damit Sie mit dem Auftrag des Unterputzes beginnen können?

Aufgabe 47

Ihr Geselle legt Anputzschienen und Schnellputzschienen bereit. Erklären Sie den Gebrauch dieser Hilfsmittel.

Aufgabe 48

Warum verwendet man für den Auftrag von Putz nicht rostende Werkzeuge aus Edelstahl?

Aufgabe 50

Benennen Sie die einzelnen Werkzeuge sowie Geräte und beschreiben Sie deren Verwendung beim Auftragen des Unterputzes.

Werkzeug	Benennung und Beschreibung

Aufgabe 52

Warum müssen angrenzende Bauteile großflächig abgedeckt werden, wenn ein Bauteil verputzt wird?

Aufgabe 53

Wie lange müssen Sie warten, bis Sie den Oberputz auftragen können?

Aufgabe 54

Nummerieren Sie die Arbeitsschritte zum Auftrag des Oberputzes im Keller in der richtigen Reihenfolge.

Nr.	Arbeitsschritt
	Putz ablüften lassen
	Putz strukturieren
	Putz aufziehen
	Putz auf Kornstärke abziehen
	Putz verteilen

Wie würden Sie entscheiden?

Ihre Kollegin überlegt, ob sie im Keller eine Bauheizung aufstellt, um das Trocknen des Unterputzes zu beschleunigen und die Arbeit schneller voranzubringen. Nehmen Sie zu ihrem Vorschlag Stellung.

KUNDENBERATUNG FÜR INSTANDSETZUNGSMASSNAHMEN DURCHFÜHREN

Aufgrund eines Wasserschadens sind Decke und zwei Wände im Büro des Veranstalters durchfeuchtet. Es zeichnen sich Verfärbungen im Putz ab. Da Decke und Wände noch durch ein Trocknungsgerät getrocknet werden, wird vorerst eine Beratung durchgeführt.

Leistungsbeschreibung

Pos. 1 Kundenberatung durchführen

Pos. 1 Kundenberatung durchführen

Aufgabe 55

Beim Beratungsgespräch sehen Sie das Trocknungsgerät im Büro des Veranstalters. Erklären Sie die Funktion eines Bautrockners.

Aufgabe 56

Der Kunde hat sich übers Internet informiert und nennt viele Begriffe zum Thema Putz. Ordnen Sie die Begriffe den jeweiligen Kategorien in der Tabelle zu.

Leichtputz – Sanierputz – Oberputz – Scheibenputz – Silikatputz – Kalkputz – Lehmputz – Reibeputz – Kratzputz – Unterputz – Wärmedämmputz – Glattputz – Modellierputz

Putzlage	Verwendungszweck	Art des Bindemittels	Bearbeitungsverfahrens

Aufgabe 57

Definieren Sie den Begriff „Putz“.

Aufgabe 58

Wovon hängt das Erscheinungsbild einer Putzstruktur ab?

Aufgabe 59

Im durchfeuchteten Putz zeichnen sich Verfärbungen aus dem Dämmmaterial der Zwischendecke ab. Muss der Putz ähnlich wie im Keller komplett abgeschlagen und erneuert werden? Notieren Sie Ihre Überlegungen.

Aufgabe 60

Damit Sie den Kunden überzeugend beraten können, bereiten Sie eine Übersicht zu Oberputzen vor. Ergänzen Sie die fehlenden Abbildungen durch eine Zeichnung oder ein Foto (Internetrecherche). Beschreiben Sie das Aussehen und notieren Sie jeweils das Bearbeitungsverfahren.

Putzart	Aussehen	Bearbeitungsverfahren
Scheibenputz mit Kratzputzstruktur 		
Echter Kratzputz 		

Putzart	Aussehen	Bearbeitungsverfahren
Modellierputz 		
Rillenputz 		
Spritzputz 		
Filzputz 		
Kammzugputz 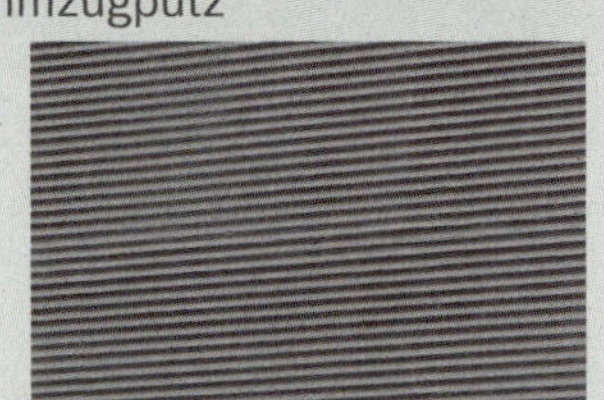		
Glattputz 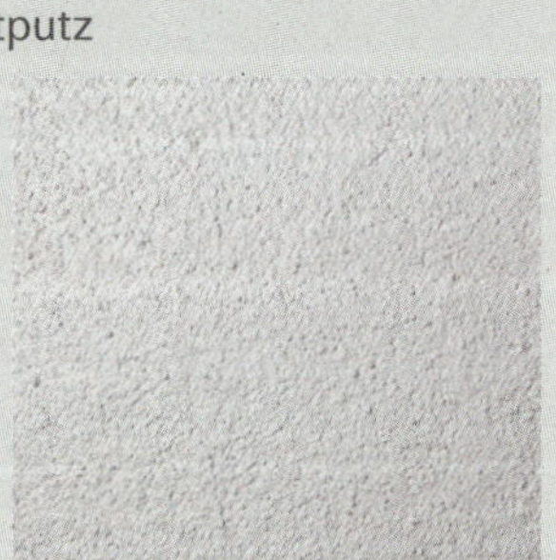		

KUNDENAUFTRAG

Auf einem stillgelegten Industriegelände möchte eine Kundin in einer alten Fertigungshalle ein Fitnessstudio eröffnen. Für den Fitness- und Kardioraum sowie den Thekenbereich wünscht die Kundin eine neue Wandgestaltung. Bei der Gestaltung soll der Industriecharakter erhalten bleiben. Im Seminarraum und im Büro soll zusätzlich ein elastischer Bodenbelag verlegt werden. Im Büro wünscht die Kundin eine monochrome, im Seminarraum eine polychrome Gestaltung. Für den Wellnessbereich wurde von einem Architekten ein Konzept im asiatischen Stil entwickelt.

Objektbeschreibung

Fitness- und Kardiobereich:	alte, beschichtete Stahlträger; Mauerwerk teilweise verputzt oder beschichtet, Mörtelgruppe PII
Seminarraum/Büro:	neuer Zementestrichboden, Wände in Leichtbauweise aus Gipskartonplatten
Wellnessbereich:	Mauerwerk verputzt, Mörtelgruppe PII, Pfeiler
Eingangstür:	neue Glastür mit neuwertig lackiertem Aluminiumrahmen

Auszuführende Arbeiten

- Erstellen von Raumkonzepten für das Büro und den Seminarraum
- Erstellen von Farbkonzepten
- Verlegen eines elastischen Bodenbelags im Büro
- Ausführen kreativer Techniken im Wellnessbereich
- Konstruktion eines Schriftzugs

ERSTELLEN VON RAUMKONZEPTEN FÜR DAS BÜRO UND DEN SEMINARRAUM

Für das Büro der Inhaberin und den Seminarraum mit Projektionswand sollen Raumkonzepte entwickelt werden. Das Büro soll monochrom mit einer Wand in venezianischer Glättetechnik und der Seminarraum polychrom gestaltet werden. Die Fensterfront ist nach Westen ausgerichtet.

Leistungsbeschreibung

Pos. 1 Durchführen einer Raumanalyse
Pos. 2 Erarbeiten von Farbentwürfen und Materialvorschlägen
Pos. 3 Beschichten der Kopfwand des Seminarraums mit hochdeckender Dispersionsfarbe
Pos. 4 Präsentieren des Raumkonzeptes
Pos. 5 Anfertigen einer perspektivischen Zeichnung

Pos. 1 Durchführen einer Raumanalyse

Aufgabe 1

Überlegen Sie, welche Bedürfnisse die jeweiligen Nutzer der Räume haben könnten. Notieren Sie Ihre Gedanken zu Eigenschaften und Funktion der Räume stichpunktartig.

Büro:

Seminarraum:

Aufgabe 2

Führen Sie eine Raumanalyse des Büros und des Seminarraums durch. Die Räume sind nach Westen ausgerichtet. Berücksichtigen Sie die gegebenen Materialien.

- Raumnutzer Büro: Chefin des Studios, ggf. Gäste und Steuerberater
- Raumnutzer Seminarraum: acht Mitarbeiterinnen und Mitarbeiter, ggf. Gäste
- Nutzeranalyse Büro: Chefin 35 Jahre, PC-Arbeit, Mitarbeitergespräche führen, kurze Erholungspausen einlegen, ggf. Gäste empfangen
- Nutzeranalyse Seminarraum: Weiterbildungen für Mitarbeiter und Fremdpersonen unterschiedlicher Altersgruppen durchführen, Präsentationen halten, Gäste empfangen

Analyse des Büros:

Raumnutzung:

Lichtverhältnisse:

Stilrichtung:

bestehende Materialien (siehe Fotos 1–4, Tür, Wände, Träger):

auszuwählende Materialien/Farbtöne monochrom:

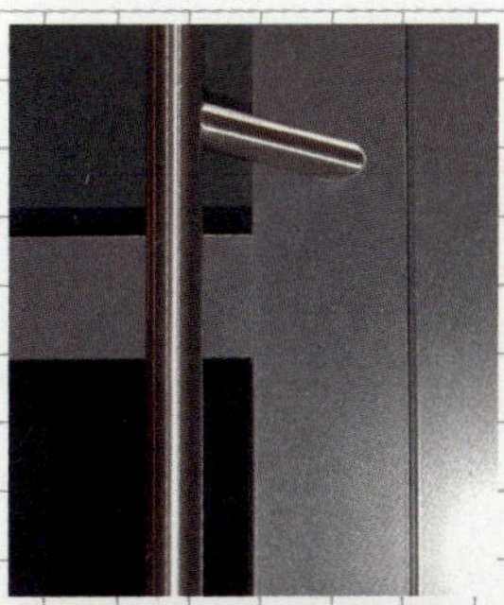

Analyse des Seminarraumes:

Raumnutzung:

Lichtverhältnisse:

Stilrichtung:

bestehende Materialien: siehe Büro

auszuwählende Materialien/Farbtöne polychrom:

Wie würden Sie entscheiden?

Ihr Praktikant begleitet Sie bei der Raumanalyse und möchte wissen, ob die Beleuchtungsstärke an einem Arbeitsplatz genauso hoch wie in einer Sofaecke sein sollte. Erklären Sie ihm die Unterschiede und recherchieren Sie im Internet die notwendigen Beleuchtungsstärken.

Pos. 2 Erarbeiten von Farbentwürfen und Materialvorschlägen

Aufgabe 3

Für die farbige Gestaltung der beiden Räume stehen Ihnen verschiedene Möglichkeiten zur Verfügung. Erklären Sie in diesem Zusammenhang die Fachbegriffe sowie deren Wirkung der Gestaltungsvarianten. Geben Sie für jeden Fachbegriff ein Beispiel an, indem Sie die folgenden Quadrate farbig auslegen.

Komplementärkontrast:

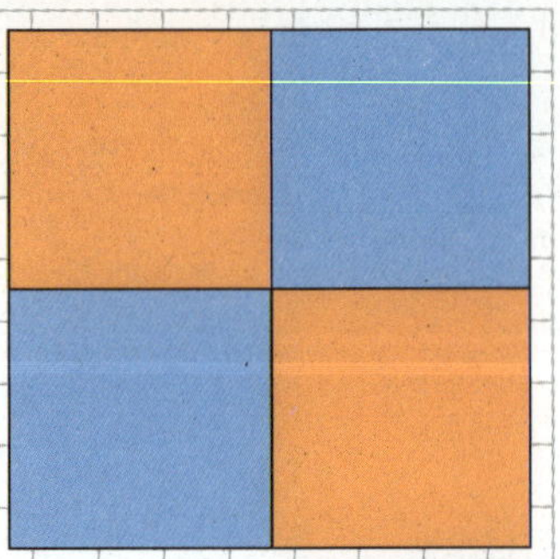

monochrome Farbgestaltung:

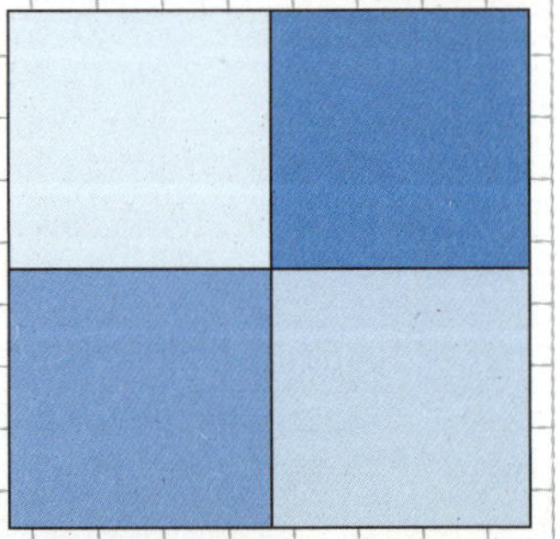

polychrome Farbgestaltung:

Qualitätskontrast:

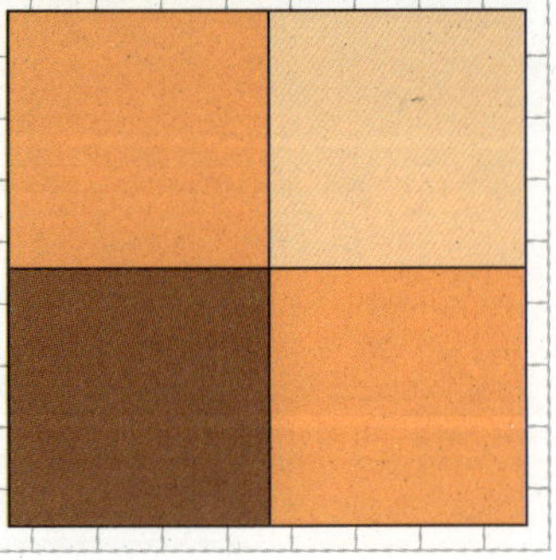

Wie würden Sie entscheiden?

Die Kundin denkt über eine farbliche Gestaltung im Seminarraum von drei Wandflächen in dunklem, ungebrochenen, reinen Rot nach und fragt Sie nach Ihrer Meinung als Fachmann bzw. Fachfrau.

Wie würden Sie entscheiden?

Raten Sie der Kundin zu einer hellen oder einer dunklen farblichen Gestaltung der Wand- und Deckenflächen des Büros? Berücksichtigen Sie bei Ihrer Entscheidung auch die natürlichen Lichtverhältnisse.

Aufgabe 4

Erstellen Sie anhand der Bedarfsanalyse ein monochromes Farbkonzept für das Büro. Legen Sie den dominanten und subdominanten Farbton sowie den Akzentfarbton fest. Beziehen Sie die gegebenen Materialien mit ein.

Dominante:

Subdominante:

Akzentfarbe:

Aufgabe 5

Begründen Sie Ihr Farbkonzept mithilfe des Fachbuches.

Dominante:

Subdominante:

Akzentfarbe:

Aufgabe 6

Nennen Sie die Wirkung und den Einsatzbereich der gewählten Farbtöne und Materialien.

Hellgrau:

Dunkelgrau:

Glanz:

Dunkel/Matt:

Pos. 3 Beschichten der Kopfwand des Seminarraums mit hochdeckender Dispersionsfarbe

Aufgabe 7

Ermitteln Sie den Bedarf an Dispersionsfarbe für die Projektionswand, wenn Sie die Flächen zweimal beschichten müssen bei einem Verbrauch von 400 ml/5 m². Die Raumhöhe des Seminarraumes beträgt 3,25 m, die Wandlänge 6,25 m.

Pos. 4 Präsentieren des Raumkonzeptes

Aufgabe 8

Stellen Sie Kriterien für eine gute Präsentation auf.

Aufgabe 9

Präsentieren und diskutieren Sie das Raumkonzept für das Büro vor der Klasse. Nutzen Sie dafür die Raumanalyse und Ihr Farb-und Materialkonzept. Beachten Sie die aufgestellten Kriterien aus Aufgabe 8.

Pos. 5 Anfertigen einer perspektivischen Zeichnung

Ihr Praktikant hat in seiner Schule die Aufgabe bekommen, eine perspektivische Zeichnung anzufertigen. Dabei benötigt er Ihre Hilfe.

Aufgabe 10

Fertigen Sie mithilfe des Grundrisses eine perspektivische Zeichnung des Wohnzimmers auf Seite 85 an.
Entnehmen Sie aus dem Grundriss den Standpunkt und die Richtung des Betrachters. Folgen Sie den Anweisungen.

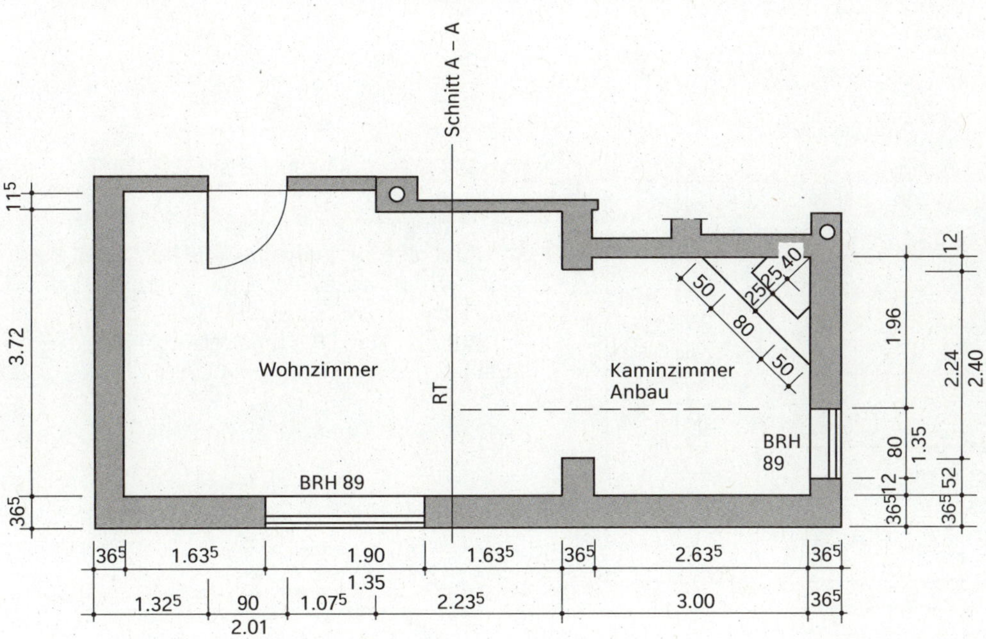

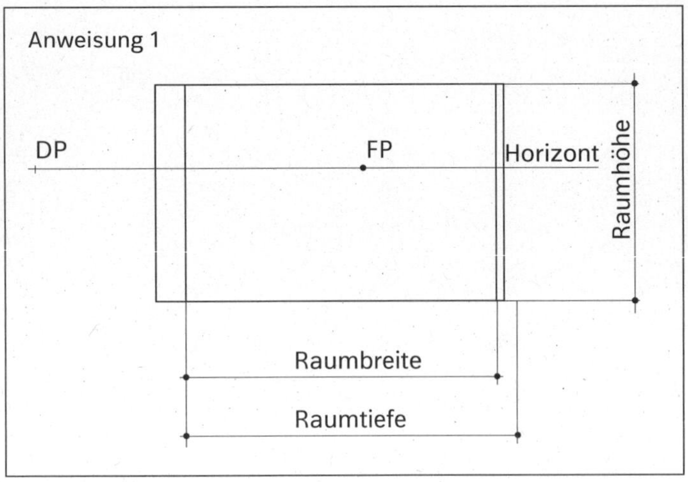

Raumhöhe, -breite, -tiefe

- Raumbreite (3,48 m + 0,24 m) + Wandstärken (0,365 m und 0,115 m)
- Raumhöhe (Rh 2,60 m)
- Raumtiefe (RT) bei Schnitt AA (4,00 m)
- Horizont (Augenhöhe) bei 1,60 m
- Fluchtpunkt (FP) auf dem Horizont wählen
- Distanzpunkt (DP 4,00 m) sollte das 1- bis 1,5-fache der Raumtiefe sein → Abstand zum FP auf dem Horizont

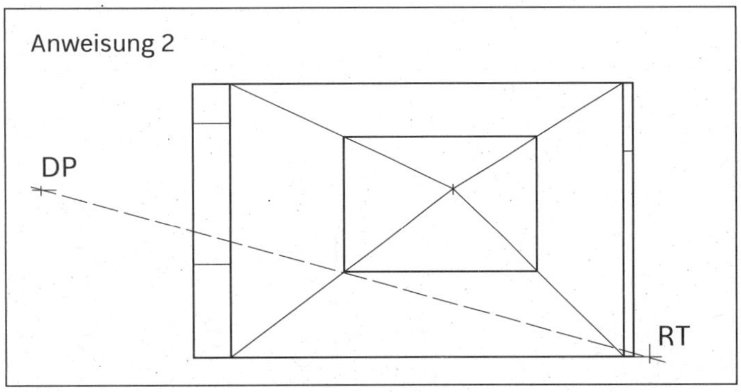

Rückwand

- Raumecken zum FP führen
- RT und DP verbinden
- Schnittpunkt an der Raumkante = erste Ecke der Rückwand
- Schnittpunkt horizontal und vertikal zu den anderen Raumkanten führen = weitere Schnittpunkte
- Fenster in Außenwand abtragen Brüstungshöhe (BRH 0,89 m und Höhe 1,35 m)
- Tür in Innenwand abtragen (Höhe 2,01 m)

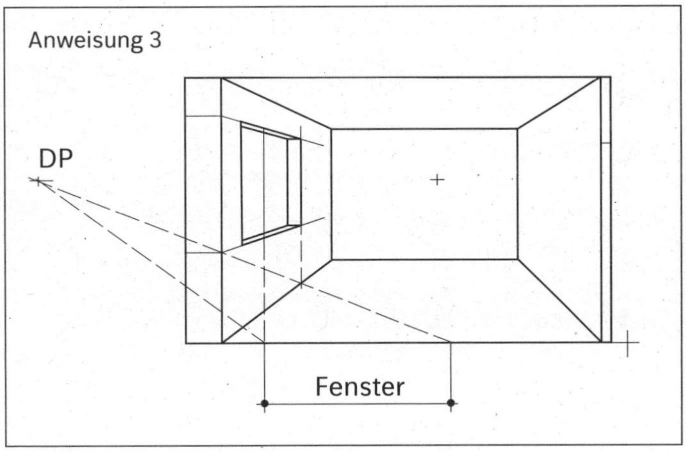

Fenster

- Abstand Schnitt AA zum Fenster 0,47 m
- Fensterbreite 1,90 m
- Abmessungen und DP verbinden
- Schnittpunkte an der Raumkante vertikal nach oben ziehen = Breite des Fensters
- Höhen des Fensters zum FP führen
- Wandstärke zum FP führen (Tiefe)
- Fensterlaibungen einzeichnen (Horizontales bleibt horizontal)

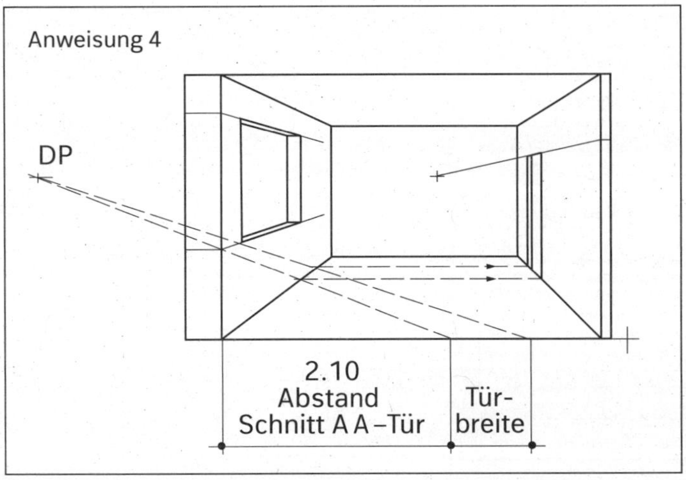

Tür

- Abstand Schnitt AA zum Fenster 2,10 m
- Türbreite 0,90 m
- Abmessungen und DP verbinden
- Schnittpunkte an der Raumkante horizontal zur anderen Raumseite ziehen, dann vertikal nach oben ziehen = Breite der Tür
- Höhe der Tür zum FP führen, Wandstärke, Türlaibung

Anweisung 5

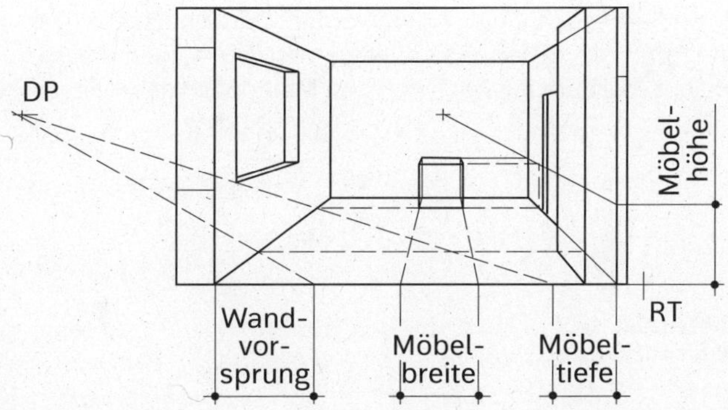

Wandvorsprung

- Abstand Schnitt zum Ende des Wandvorsprungs (1,00 m) abtragen
- Abmessung und DP verbinden
- Schnittpunkte an der Raumkante horizontal zur anderen Raumseite ziehen, dann vertikal nach oben ziehen
- Breite des Vorsprungs (0,24 m) abtragen und Ecken zum FP führen

Möbel

- Möbelbreite, -höhe und -tiefe festlegen und abtragen
- Weiteres siehe oben

ERSTELLEN VON FARBKONZEPTEN

Für den Thekenbereich sowie den Fitness- und Kardioraum soll ein Farbkonzept entwickelt werden. Dabei müssen vorhandene Farbtöne und Oberflächenmaterialien der Türen und Sportgeräte berücksichtigt werden. Die Kundin möchte neben der Erhaltung des Industriecharakters ein modernes Konzept, bei dem mit hochwertigen Materialien gearbeitet wird.

Leistungsbeschreibung

Pos. 1 Auswahl der Farbtöne
Pos. 2 Erstellen eines Farbentwurfs für den Thekenbereich
Pos. 3 Erstellen eines Farbentwurfs für den Fitness- und Kardiobereich

Pos. 1 Auswahl der Farbtöne

Aufgabe 11

Da Ihnen die Kundin freie Hand bei der Auswahl der zu verwendenden Farbtöne lässt, legen Sie eine Farbpalette an. Für jeden angegebenen Farbbereich soll ein Farbton ausgewählt werden, der Ihrer Meinung nach die gewünschte Raumatmosphäre vermittelt. Neben den Theken-, Fitness- und Kardiobereichen sollen Sie auch Farbtöne wählen, die das gewünschte Ambiente in einem Wellnessbereich unterstützen. Die Farbtonwahl soll die unterschiedlichen Farbwirkungen zusätzlich verdeutlichen. In den folgenden Aufgaben wird die Farbtonauswahl für den Wellnessbereich nicht mehr benötigt, da das Farbkonzept für diesen Bereich bereits vom Architekturbüro erarbeitet wurde.

Bereich/gewünschte Raumatmosphäre	Gestaltung mit Farbtönen aus den Farbbereichen								
	Rot	Gelb	Grün	Blau	Violett	Braun	Beige	Grau	Orange
Thekenbereich kommunikativ, gemütlich, entspannend									
Fitness- und Kardiobereich aktiv, hell									
Sauna/Wellnessbereich entspannend, ruhig, erholsam									

Aufgabe 12

Wählen Sie drei Farbtöne für die Gestaltung des Fitness- und Kardiobereichs aus. Sie können sich an den Farbtönen aus Aufgabe 11 orientieren. Bestimmen Sie einen Hauptfarbton und wählen Sie dazu einen Farbton, der mit dem Hauptfarbton verwandt ist, und einen Farbton, der die Wirkung des Hauptfarbtons deutlich hervorhebt. Begründen Sie Ihre Wahl.

Hauptfarbton	
Nebenfarbton	Nebenfarbton

Begründung:

Aufgabe 13

Entwerfen Sie eine Komposition aus vier Farbtönen für den Thekenbereich, die eine aktive und lebendige Grundstimmung vermittelt. Wählen Sie einen Hauptfarbton begründet aus. Wählen Sie zwei Farbtöne, die zum Hauptfarbton verwandt sind, und einen Farbton, der zum Hauptfarbton komplementär ist.

Hauptfarbton	Nebenfarbton
Nebenfarbton	**Nebenfarbton**

Begründung:

Aufgabe 14

Zählen Sie alle Kontraste auf, die Sie in Ihrer Farbtonauswahl verwendet haben. Überprüfen Sie speziell, ob ein Qualitätskontrast vorliegt, und erläutern Sie diesen Kontrast, seine Wirkung im Allgemeinen sowie die veränderte Wirkung beim Brechen mit Schwarz, Weiß, Grau oder der Komplementärfarbe.

Pos. 2 Erstellen eines Farbentwurfs für den Thekenbereich

Aufgabe 15

Legen Sie den Farb-Materialplan für den Thekenbereich aus. Sie können dabei die ermittelten Farbtöne aus Aufgabe 13 nutzen. Wählen Sie Materialien unter Berücksichtigung ihrer Eigenschaften aus. Beschreiben und ergänzen Sie die Farb- sowie Materialwirkung der einzelnen Oberflächen.

Oberfläche	Farbton	Farb- und Materialwirkung
Decke		
Stahlträger		
Wände		
Fenster		
Türen		
Theke		
Geländer		
Boden		

Aufgabe 16

Legen Sie die Skizze des Thekenbereichs mit Ihren Farbtönen aus.

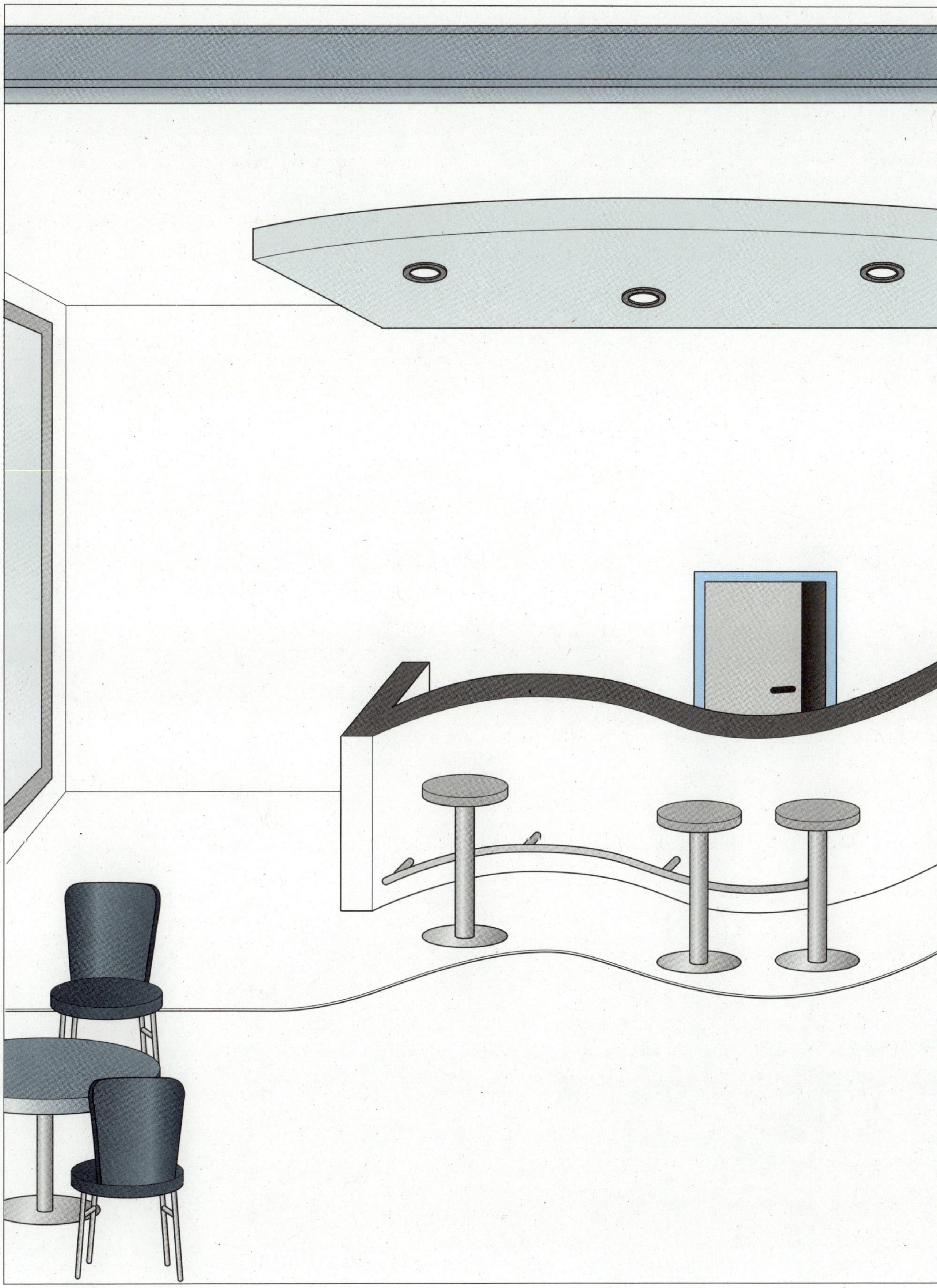

Pos. 3 Erstellen eines Farbentwurfs für den Fitness- und Kardiobereich

Aufgabe 17

Legen Sie den Farb-Materialplan für den Fitness- und Kardiobereich aus. Sie können dabei die ermittelten Farbtöne aus Aufgabe 12 nutzen. Beschreiben und ergänzen Sie die Farb- sowie Materialwirkung der einzelnen Oberflächen.

Oberfläche	Farbton		Farb- und Materialwirkung
Decke			
Stahlträger			
Wände			
Fenster			
Türen			
Geräte			
Geländer			
Boden			

Aufgabe 18

Legen Sie die Skizze des Fitness- und Kardiobereichs mit Ihren Farbtönen aus.

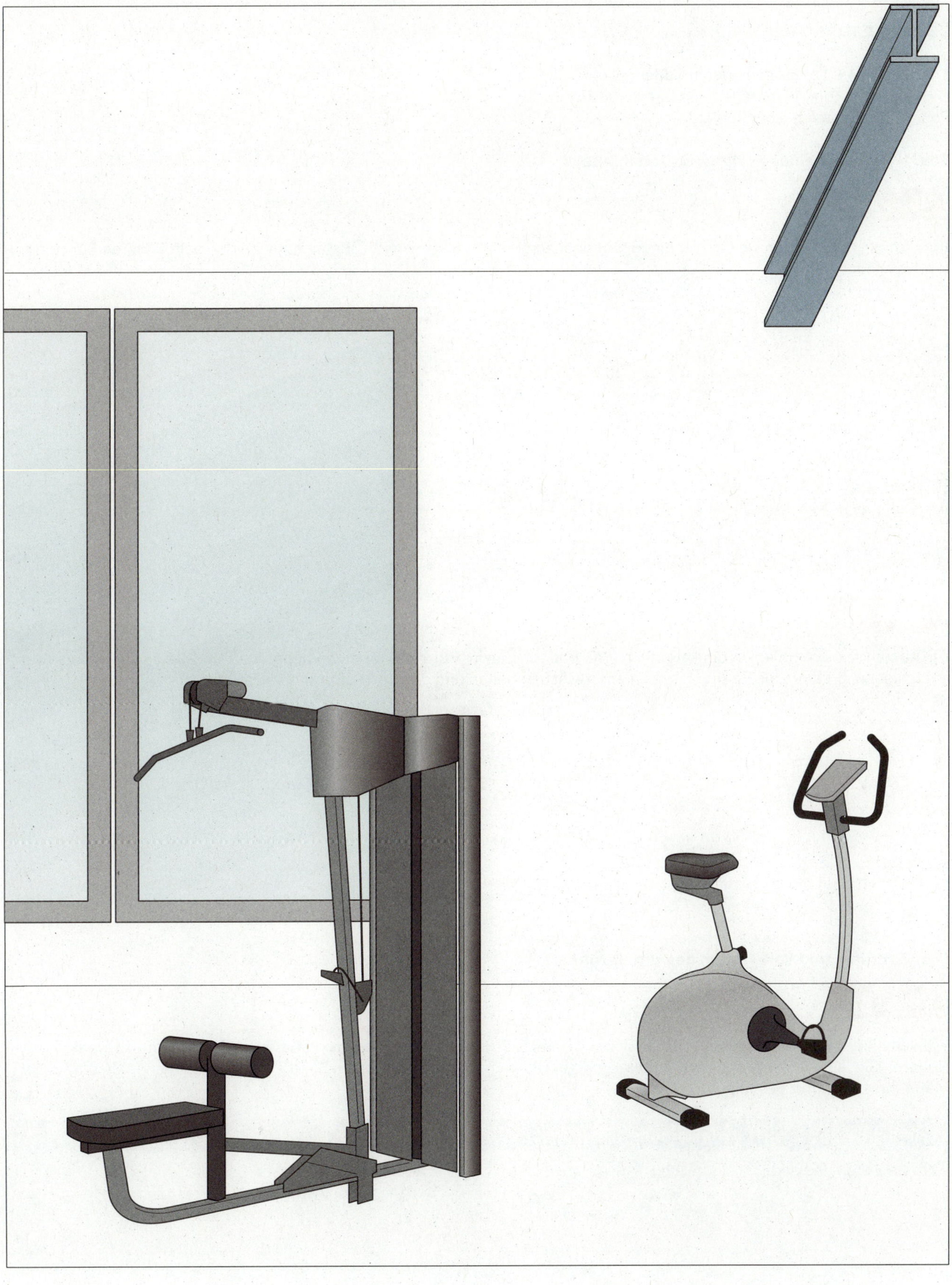

VERLEGEN EINES ELASTISCHEN BODENBELAGS IM BÜRO

Im Büro soll ein neuer elastischer Bodenbelag verlegt werden.

Leistungsbeschreibung

Pos. 1 Auswahl eines geeigneten Bodenbelags
Pos. 2 Prüfen und Vorbereiten des Untergrunds
Pos. 3 Verlegen des Bodenbelags

Pos. 1 Auswahl eines geeigneten Bodenbelags

Aufgabe 19

Ihre Kundin fragt Sie, ob sie sich für einen homogenen oder heterogenen PVC-Belag entscheiden soll. Erklären Sie ihr die Unterschiede.

Aufgabe 20

Die Kundin hat sich für einen dunkelgrauen PVC-Bodenbelag im Büro und für einen hellgrauen PVC-Belag im Seminarraum entschieden. Erklären Sie ihr die Unterschiede zwischen hellen und dunklen Fußbodenflächen.

Pos. 2 Prüfen und Vorbereiten des Untergrunds

Aufgabe 21

Vor dem Verlegen müssen gemäß DIN 18 365/VOB Teil C Prüfungen den Untergrund betreffend durchgeführt werden. Notieren Sie, auf welche Mängel der Untergrund geprüft werden muss. Ergänzen Sie die Erkennungsmerkmale sowie die Maßnahmen zu ihrer Beseitigung.

Prüfung auf ...	Erkennung	Maßnahmen zur Beseitigung
größere Unebenheiten	optisch	Unebenheiten beseitigen, Spachtel- oder Ausgleichsmasse verwenden
Risse		
Feuchtigkeit		

Prüfung auf ...	Erkennung	Maßnahmen zur Beseitigung
Verunreinigung		
Höhenniveau		
Temperatur		

Wie würden Sie entscheiden?
Die Kundin wundert sich, dass der Untergrund vor dem Verlegen von PVC so sorgfältig vorbereitet werden muss und Unebenheiten ausgeglichen werden müssen. Ein elastischer Bodenbelag müsste sich doch dem Untergrund anpassen. Was antworten Sie ihr?

Pos. 3 Verlegen des Bodenbelags

Wie würden Sie entscheiden?
Sie haben bei der Untergrundprüfung festgestellt, dass der Untergrund nur sehr gering saugt. Recherchieren Sie im Internet, welches Klebeverfahren sinnvoll ist. Begründen Sie Ihre Wahl.

Aufgabe 22

Das Büro (siehe Grundriss) des Fitnessstudios soll mit einem 2 m breiten PVC-Boden ausgelegt werden. Sie erhalten von Ihrem Meister den Auftrag, den günstigsten PVC-Verbrauch und den geringsten anfallenden Verschnitt zu ermitteln. Berücksichtigen Sie dabei eine Längenzugabe von 10 cm für den Zuschnitt der Bahnen. Der Bodenbelag kann entweder parallel oder senkrecht zur Fensterwand verlegt werden.

a) Zeichen Sie zunächst die Bahnen bei Verlegung parallel zur Fensterwand in den Grundriss ein.

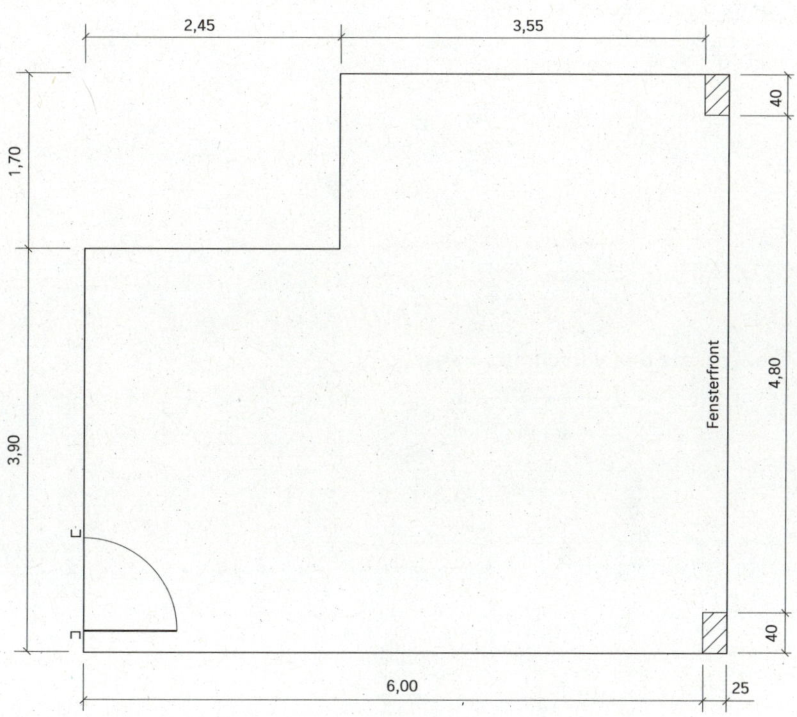

b) Berechnen Sie die Fläche des Bedarfs und des Verbrauchs an PVC sowie Fläche und Prozentsatz des Verschnitts für eine Verlegung des Bodenbelags parallel zur Fensterwand.

Fläche des Bedarfs = A_B

Fläche des Verbrauchs = A_{VB}
Sie benötigen zur Berechnung die Bahnenlängen, die sich mithilfe der folgenden Tabelle nicht ermitteln lassen.

	1. Bahn	2. Bahn	...	...	...
Aufmaß					
Zugabe für Beschnitt					
Bahnenlänge					

Fläche des Verschnitts = A_{VS}

Prozentsatz des Verschnitts = P_{VS}

c) Zeichnen Sie die Bahnen bei Verlegung senkrecht zur Fensterwand in den Grundriss ein.

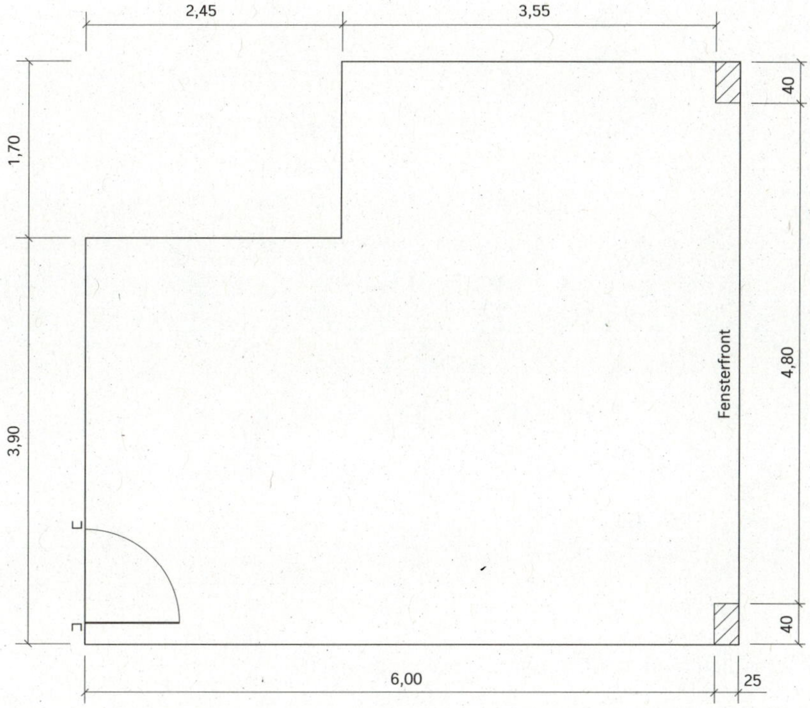

d) Berechnen Sie auch hier, wie in Aufgabe b), den genauen Bedarf an PVC unter Berücksichtigung des Verschnitts.

Fläche des Bedarfs = A_B

Flache des Verbrauchs = A_{VB}
Bahnenlängen:

	1. Bahn	2. Bahn	...	...	...
Aufmaß					
Zugabe für Beschnitt					
Bahnenlänge					

Fläche des Verschnitts = A_{VS}

Prozentsatz des Verschnitts = P_{VS}

e) Bestimmen Sie abschließend, welche die wirtschaftlich günstigere Variante der Verlegung ist.

Wie würden Sie entscheiden?

Sie haben gehört, dass PVC umweltschädlich sein soll. Sie wollen Näheres darüber erfahren und recherchieren im Internet. Notieren Sie Ihre Ergebnisse.

AUSFÜHREN KREATIVER TECHNIKEN IM WELLNESSBEREICH

Das asiatische Konzept des Architekten sieht für die Wände der Umkleideräume und des Saunabereichs eine cremefarbene Wandlasur vor. Die Wandflächen in diesen Räumen sind mit einem Kalkzementmörtel (PII) frisch verputzt.
Der Boden wurde bereits schieferfarben gefliest und verfugt. Als Fußleisten wurden Fliesenriemchen angebracht. An den Wänden des Saunabereichs werden vier Pfeiler mit rechteckigem Grundriss in Leichtbauweise aufgebaut. Die Fugen sind bereits gespachtelt und die Wandanschlüsse sind mit einer Schattenfuge hergestellt. Die Säulen sollen eine Kalkglättetechnik in Rot erhalten. Um den asiatischen Stil des Wellnessbereichs zu unterstreichen, sollen chinesische Schriftzeichen in die Technik mit eingearbeitet werden. Die Wandflächen werden in Lasurtechnik gestaltet.

Leistungsbeschreibung

Pos. 1 Abdecken der zu schützenden Flächen
Pos. 2 Vorbereiten der Wandflächen mit Renoviervlies für die Lasurtechnik
Pos. 3 Grundieren der Wandflächen
Pos. 4 Lasieren der Wandflächen
Pos. 5 Ausführen der Vorarbeiten für die Glättetechnik
Pos. 6 Ausführen der Glättetechnik
Pos. 7 Nachbehandeln der Glättetechnik

Pos. 1 Abdecken der zu schützenden Flächen

Aufgabe 23

Die Praktikantin möchte von Ihnen wissen, ob die Fliesenriemchen im Wellnessbereich mit einem Klebeband abgeklebt werden sollen oder ob an diesen gradlinigen Anschlüssen mit dem Pinsel beschnitten werden kann.

Pos. 2 Vorbereiten der Wandflächen mit Renoviervlies für die Lasurtechnik

Aufgabe 24

Die Praktikantin fragt Sie, warum vor der Lasurtechnik ein Renoviervlies geklebt wird.

Aufgabe 25

Erklären Sie der interessierten Praktikantin den Ablauf beim Kleben eines Renoviervlieses, indem Sie ihr die einzelnen Arbeitsschritte erläutern.

1. Untergrund überprüfen, ob dieser trocken und staubfrei ist, weil ...

2. Tiefgrund aufbringen, weil ...

3. Ausloten der 1. Bahn, weil ...

4. Auftragen des Klebers auf die Wand, weil ...

5. Mit Tapezierbürste oder Moosgummiwalze die Bahn von der Mitte aus nach außen andrücken, weil ...

6. Kleisterreste entfernen, weil ...

7. Nach der Trocknung mit Dispersionsfarbe beschichten, weil ...

Wie würden Sie entscheiden?

Mit welchem Klebemittel würden Sie das Renoviervlies verarbeiten?

Pos. 3 Grundieren der Wandflächen

Wie würden Sie entscheiden?

Für das Grundieren der Wandflächen als Vorbereitung für die Lasurtechnik finden Sie in der Werkstatt die beiden abgebildeten Materialien. Für welches Material entscheiden Sie sich? Begründen Sie Ihre Antwort.

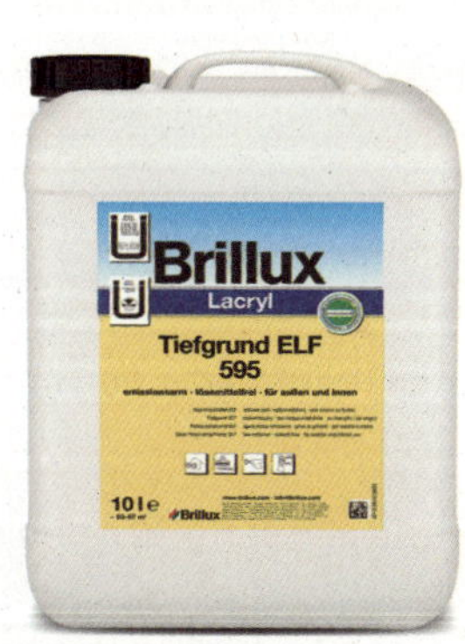

Aufgabe 26

Die zu beschichtende Wandfläche ist vor einigen Tagen durch eine Fremdfirma verputzt worden.
Worauf müssen Sie bei der anschließenden Beschichtung besonders achten?

Pos. 4 Lasieren der Wandflächen

Aufgabe 27

Der Architekt möchte einen Auftrag der Wandlasur im Kreuzschlag (Kreuzgang). Beschreiben Sie diese Applikationstechnik kurz. Fertigen Sie zum besseren Verständnis eine einfache Skizze der auszuführenden Bewegung an.

Aufgabe 28

Betrachten Sie die beiden Abbildungen fertiger Lasurtechniken. Welche ist Ihrer Meinung nach fachgerechter ausgeführt? Welche Fehler sind bei der schlechteren Ausführung zu erkennen? Markieren Sie diese durch Einkreisen auf dem Foto und beschreiben Sie die Fehler.

Pos. 5 Ausführen der Vorarbeiten für die Glättetechnik

Aufgabe 29

An der Bürowand gegenüber des Schreibtischs möchte die Kundin eine venezianische Glättetechnik ausgeführt bekommen. Die Praktikantin möchte von Ihnen wissen, wie der Untergrund für eine venezianische Glättetechnik beschaffen sein muss. Erklären Sie ihr die dafür noch erforderlichen Arbeitsschritte.

Pos. 6 Ausführen der Glättetechnik

Aufgabe 30

Die Praktikantin hat die Vorarbeiten nach Ihren Erklärungen ausgeführt. Da die Werkzeuge für die weiteren Arbeitsschritte der venezianischen Glättetechnik noch nicht an der Baustelle sind, beauftragen Sie die Praktikantin, diese aus der Werkstatt zu holen. Da ihr die Bezeichnungen der Werkzeuge neu sind, fertigen Sie ihr als Hilfe zum Auffinden kleine Skizzen an.

Venezianische Glättekelle

Kelle

Exzenterschleifmaschine

Staubbesen

Aufgabe 31

Der Architekt ist auf der Baustelle eingetroffen und informiert sich über den Zustand der Baustelle. Er möchte von Ihnen die weiteren Arbeitsschritte erklärt bekommen, die die feine, marmorartige Oberfläche der venezianischen Glättetechnik entstehen lassen. Achten Sie dabei auf eine detaillierte Beschreibung.

Vorspachtelung

Erste Dekospachtelung:

Zweite Dekospachtelung:

Aufgabe 32

Die interessierte Praktikantin möchte Ihnen beim Durchführen der Spachtelgänge behilflich sein. Sie ist handwerklich sehr geschickt. Welche Probleme könnten trotz fachgerechter Durchführung der Arbeiten von mehreren Personen an der Wand auftreten?

Experiment – Dekospachtelung

Harmonie	Glück	Wohlstand
和	喜	禄

Die chinesischen Schriftzeichen für „Harmonie", „Glück" und „Wohlstand" sollen auf den gespachtelten Pfeilern sichtbar sein. Ihr Meister findet eine einfache Beschriftung mit Dispersionsfarben auf dieser hochwertigen Technik unpassend und möchte deshalb die Schriftzeichen durch Spachtelung in die Oberfläche mit einarbeiten. Für die Umsetzung hat er verschiedene Ideen.

1. Vor der ersten Dekospachtelung werden die Schriftzeichen mit einer geplotteten Folie abgeklebt. Diese Folie wird unmittelbar nach der ersten Dekospachtelung wieder entfernt. Dadurch wird die letzte Dekospachtelung an diesen Stellen in einer anderen Schichtdicke aufgetragen und es entstehen andere Farbnuancen.

2. Nach der ersten Dekospachtelung werden die Schriftzeichen mit einer geplotteten Folie negativ abgeklebt und die Innenbereiche der Schrift mit einem anderen Farbton zusätzlich ausgespachtelt. Anschließend wird die Folie entfernt und die letzte Dekospachtelung wird vollflächig ausgeführt.

Probieren Sie beide Techniken auf einer Gipskartonplatte aus und beobachten Sie sich genau beim Ausführen der erforderlichen Arbeiten. Beschreiben Sie die optischen Unterschiede der beiden Beschriftungstechniken. Erläutern Sie auch auftretende Schwierigkeiten, die Ihnen beim Anlegen dieser Musterplatten aufgefallen sind. Was könnten Sie beim nächsten Mal verändern, damit diese Schwierigkeiten vermieden werden?

Pos. 7 Nachbehandeln der Glättetechnik

Aufgabe 33

Die Glättetechnik befindet sich in einem Bereich des Fitnessstudios, in dem eine Beanspruchung der Oberfläche durch Spritzwasser auftritt. Was können Sie der Kundin in dieser Situation empfehlen?

KONSTRUKTION EINES SCHRIFTZUGS

Die Eingangstür des Fitnessstudios soll beschriftet werden. Die neue Tür aus Glas und lackiertem Aluminiumrahmen besteht aus zwei Türflügeln. Der rechte Flügel ist festgestellt und nur bei Bedarf zu öffnen. Der linke Flügel dient als Eingang in den Fitnessbereich. Diese Tür soll mit Alkydharzlack den Schriftzug EINGANG erhalten. Im Innenbereich sind die Toiletten zu kennzeichnen.

Leistungsbeschreibung

Pos. 1 Vorbereiten des Untergrunds
Pos. 2 Konstruieren des Schriftzugs
Pos. 3 Übertragen der Schrift

Pos. 1 Vorbereiten des Untergrunds

Wie würden Sie entscheiden?

Die Kundin wünscht, dass die Beschriftung der Glastür zum industriellen Charakter des Gebäudes passt, und verlangt daher den Schriftzug in der Schriftart Grotesk. Sie weiß jedoch nicht, ob ein schwarzer oder weißer Schriftzug leichter zu erkennen ist. Welche Empfehlung geben Sie der Kundin und mit welcher Begründung?

Pos. 2 Konstruieren des Schriftzugs

Aufgabe 35

Konstruieren Sie zur Türbeschriftung der Umkleideräume die Buchstaben H und D. Fertigen Sie die Konstruktion in der normalen Grotesk an. Berechnen Sie die Balkenstärke bei einer Schrifthöhe von 12 cm.

Aufgabe 36

Fertigen Sie für den Sanitärbereich die Beschriftung „WC" an. Die Schrifthöhe beträgt 7,8 cm. Der Buchstabenabstand zwischen W und C beträgt eine Balkenstärke.

Aufgabe 37

Der zu beschriftende Türflügel hat eine Breite von 85 cm. Die Kundin wünscht, dass die Schrift mittig in Augenhöhe platziert wird. An den Seiten sollen neben dem Schriftzug jeweils 10 cm frei bleiben. Berechnen Sie die Balkenbreite und die Schrifthöhe der normalen Grotesk für die angegebene Wortlänge. Als Konstruktionshilfe dienen das angegebene Alphabet in normaler Groteskschrift und die Tabelle für den optischen Ausgleich der Buchstabenabstände im Fachbuch.

Gerade Buchstaben

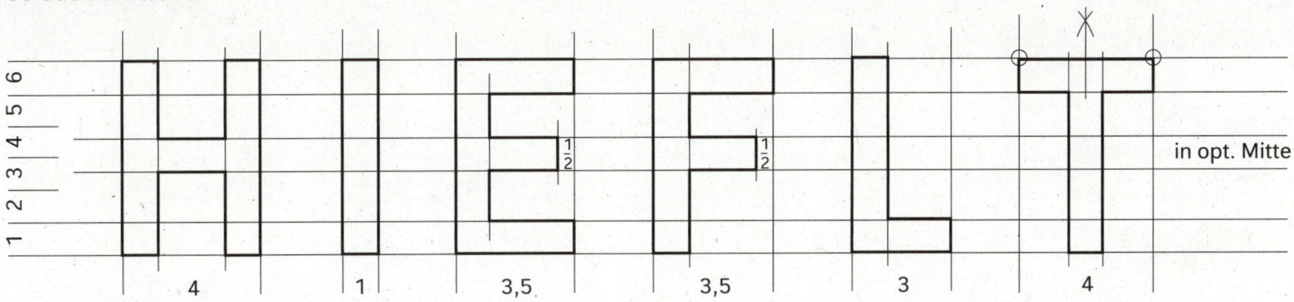

Schräge Buchstaben

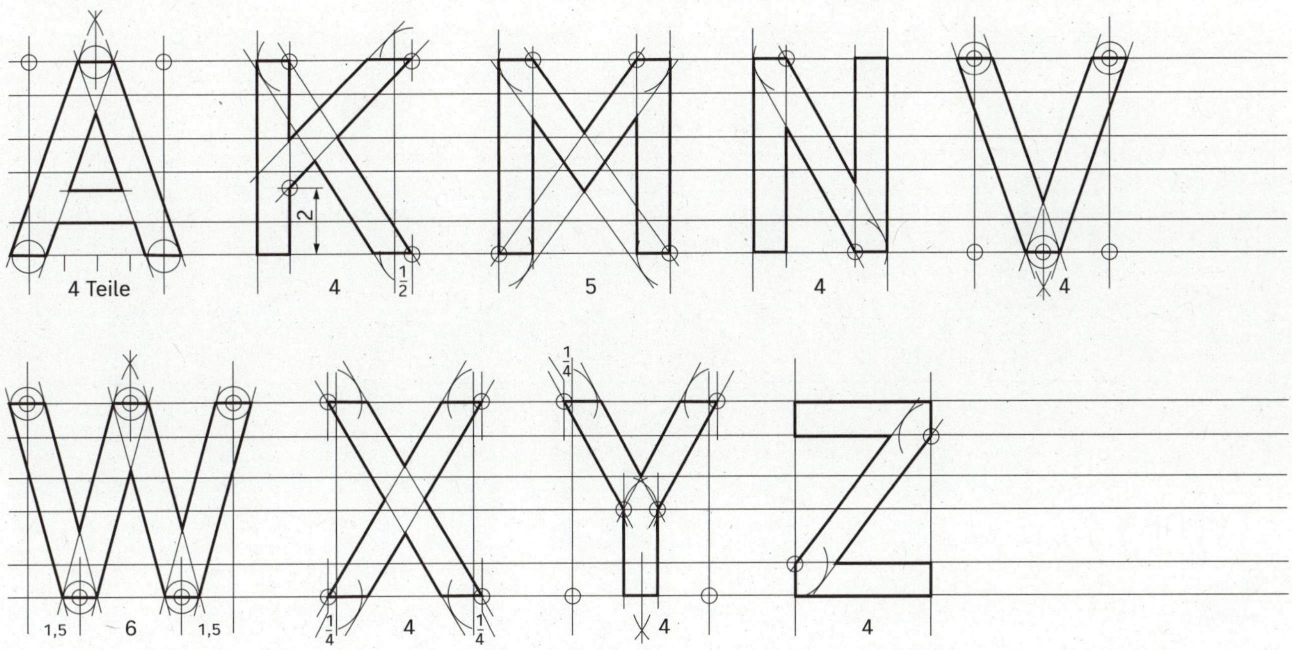

Runde Buchstaben

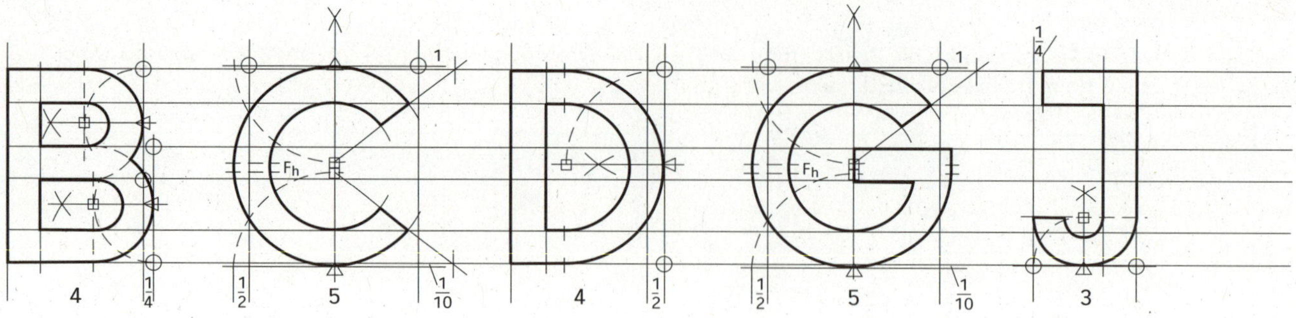

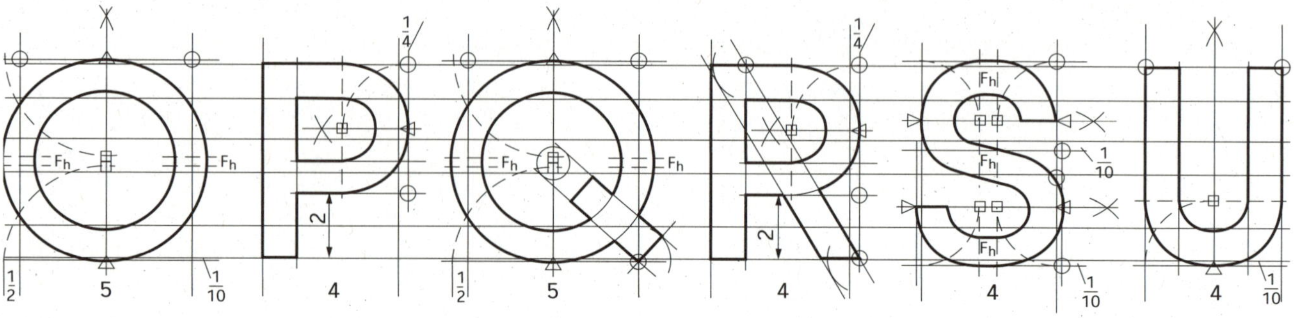

Aufgabe 38

Konstruieren Sie das Wort EINGANG in der normalen Grotesk. Verkleinern Sie diese im Vergleich zur Schrift auf der Tür im Maßstab 1 : 2. Verwenden Sie dafür ein separates Blatt Papier in ausreichender Größe.

Pos. 3 Übertragen der Schrift

Aufgabe 39

Nachdem das Wort EINGANG auf die Schneidefolie übertragen wurde, wird es ausgeschnitten. Die Buchstaben werden anschließend entfernt, um diese Bereiche mit Alkydharzlack auslegen zu können. Wählen Sie geeignete Schneidewerkzeuge aus und begründen Sie, warum Sie welche Werkzeuge gewählt haben und warum nicht.

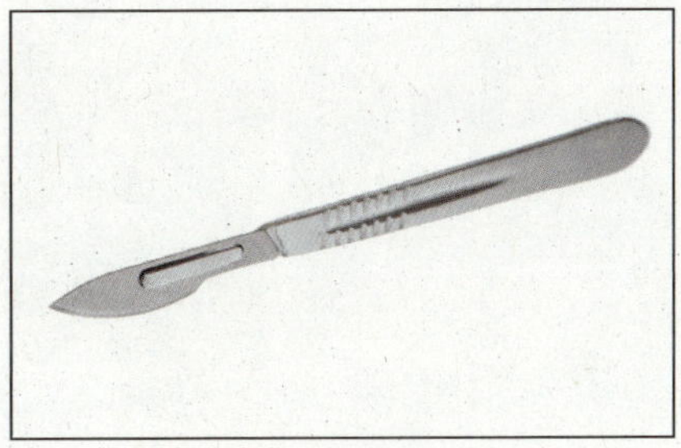

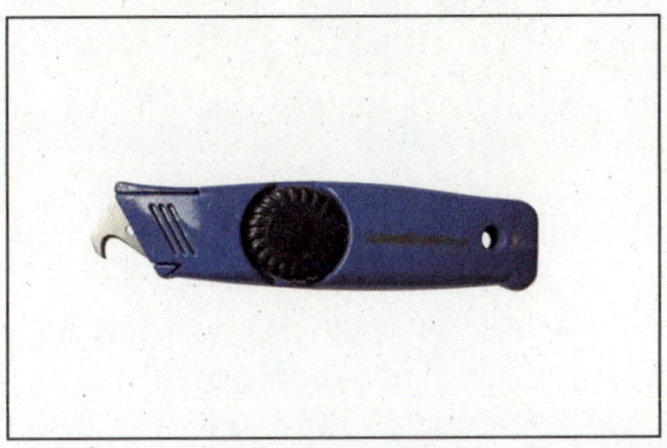
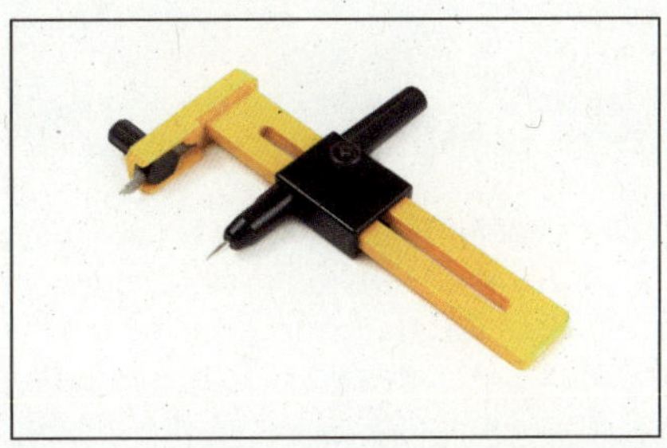

Werkzeug	Verwendung (ja/nein)	Begründung
Cutter		
Skalpell		
Kittmesser		
Messer mit Hakenklinge		
Kreisschneider		
Schere		

KUNDENAUFTRAG

Der abgebildete Gebäudekomplex aus den 1960er-Jahren wurde ursprünglich als „Stadt in der Stadt“ konzipiert und sollte die Bereiche Wohnen, Arbeiten und Einkaufen am Rande der Stadt in einem Standort vereinen. Während der letzten 30 Jahre wurden immer wieder Teile des Gebäudekomplexes von unterschiedlichen Personen gekauft, saniert und wieder verkauft, sodass der Zustand des Gebäudes von „stark sanierungsbedürftig“ bis „frisch saniert“ reicht. Eine Immobilienfirma plant in einem Teil des Gebäudes 20 Luxuswohnungen mit dazugehöriger Parkgarage. Ihre Malerfirma wird damit beauftragt, die Parkgarage von innen wieder instand zu setzen.

Objektbeschreibung

Innenwände:	korrodierte Betonwände, teils abgeplatze Betonabdeckungen durch korrodierte Bewehrungsstäbe
Fußboden:	Betonfußboden (wurde bereits erneuert)
Stützpfeiler:	Beton: 0,75 m × 0,75 m, nahezu schadenfreie Oberfläche
Fahrstuhl:	neu, 2 m × 2 m; wird eingebaut, wenn die Fußboden- und Wandarbeiten abgeschlossen sind
Technikraum:	Betonwände mit sichtbaren Oberflächenschäden aus der Bauphase
Ein-/Ausfahrt:	Rollgittertore aus Lochblech, neu

Auszuführende Arbeiten

- Betoninstandsetzung an den Innenwänden
- Beschichtung der Betonwände und der Betonsäulen
- Fußbodenbeschichtung inkl. Markierungsarbeiten

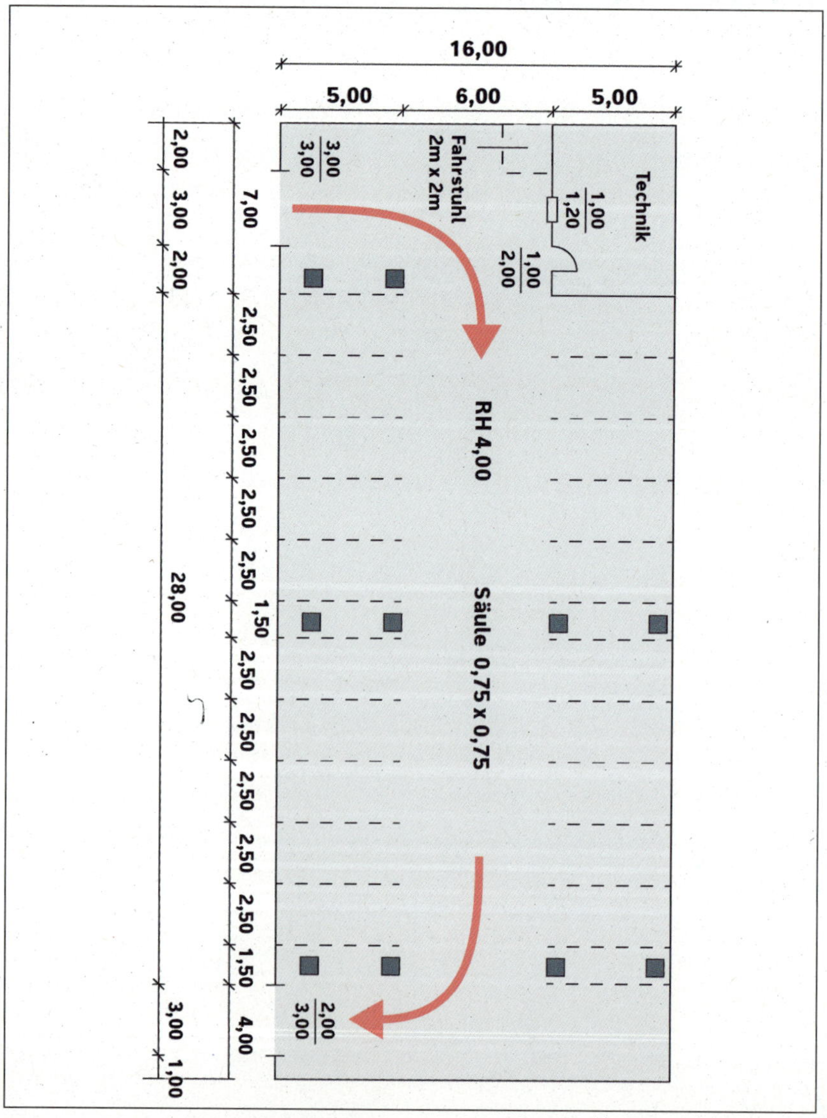

BETONINSTANDSETZUNG AN DEN INNENWÄNDEN

Leistungsbeschreibung

Pos. 1 Prüfen des Untergrunds
Pos. 2 Instandsetzen des Betons
Pos. 3 Beschichten der Betonwände

Pos. 1 Prüfen des Untergrunds

Um die Schäden an der Betonoberfläche einschätzen zu können, ist es hilfreich, sich mit dem Werkstoff Beton auszukennen.

Aufgabe 1

Ihr Chef möchte von Ihnen wissen, wie sich Beton zusammensetzt. Erklären Sie dies kurz.

Aufgabe 2

Eine wichtige Kenngröße ist der W/Z- Wert. Wofür steht die Abkürzung und was bedeutet diese Größe für den Beton?

Aufgabe 3

Warum sollte man bei Betonarbeiten Hautkontakt mit dem frischen Beton vermeiden?

Aufgabe 4

An den Wänden des Technikraums erkennen Sie die folgenden abgebildeten Bauschäden. Benennen Sie die Schäden mit den dazugehörigen Fachbegriffen und erklären Sie, wie es zu diesen Schäden kommen konnte und welche Folgen sie für den Beton haben.

Aufgabe 5

Wie gehen Sie vor, um die Bauschäden auf den Abbildungen aus Aufgabe 4 zu beseitigen?

Aufgabe 6

Sie führen weitere Untergrundprüfungen durch. Dabei beobachten Sie die folgenden in der Tabelle beschriebenen Untergrundeigenschaften. Benennen Sie die Beobachtungen und erläutern Sie kurz die Maßnahmen, mit denen Sie die Probleme beheben würden.

Prüfmethode	Beobachtung	Problem	Grund und Maßnahme
Augenschein	weiße/braune, feste Schichten an der Oberfläche		
Augenschein und Benetzungsprobe mit Wasser	glänzende Stellen an der Oberfläche, an denen das Wasser abperlt		
Klopfen mit dem Hammer	Unter der Oberfläche klingt es hohl.		

Aufgabe 7

An einigen Stellen an den Wänden liegen bereits die Bewehrungsstäbe frei. Die Tragfähigkeit der Wände wurde im Vorfeld von einem Statiker überprüft und die Wände wurden zur Instandsetzung freigegeben. Erklären Sie anhand der folgenden Abbildungen, wie es zu den Abplatzungen des Betons kommen konnte.

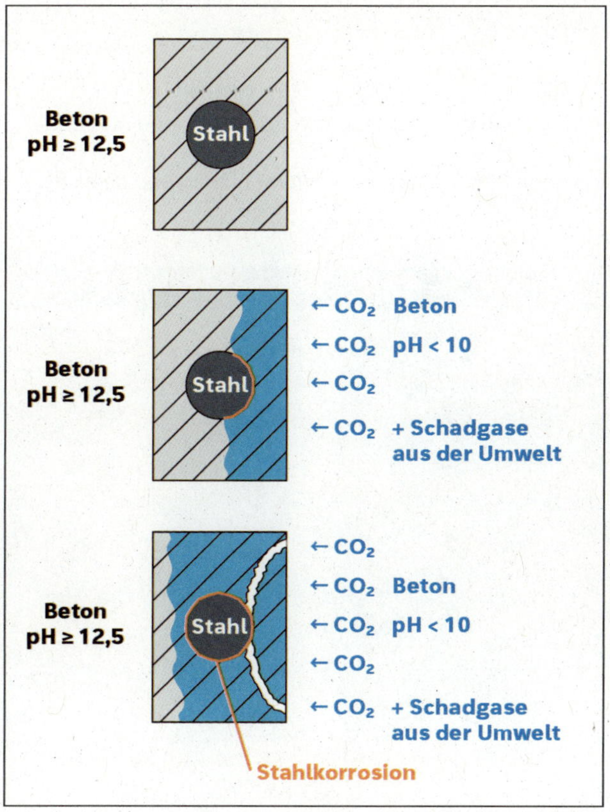

Aufgabe 8

Die Betondeckung beim Stahlbeton ist abhängig von der Expositionsklasse.

a) Was versteht man unter dem Begriff „Expositionsklasse“ und welcher Klasse sind die Innenwände in einer Parkgarage zuzuordnen?

b) In der DIN EN 1992-1-1 ist geregelt, wie dick die Betondeckung sein muss, damit der darunterliegende Stahl geschützt ist. Wie hoch muss die Betonabdeckung für entsprechende Bauteile in dieser Klasse mindestens sein?

Aufgabe 9

Ihr Chef träufelt an einer Ausbruchstelle eine alkoholische Phenolphthaleinlösung auf den Beton. Dieser färbt sich stellenweise rot. Was bedeutet diese Einfärbung und wozu wird dieser Test durchgeführt?

Pos. 2 Instandsetzen des Betons

Aufgabe 10

Bringen Sie die grundlegenden Arbeitsschritte zur Betonsanierung zunächst in die richtige Reihenfolge. Bennen und erklären Sie anschließend die einzelnen Schritte.
Bemerkung: Detaillierte Beschreibungen zu den Ausführungen der einzelnen Schritte sind herstellerabhängig und dem Technischen Merkblatt des gesamten Betoninstandsetzungssystems zu entnehmen.

Nr.	Arbeitsschritt	Beschreibung

Nr.	Arbeitsschritt	Beschreibung

Aufgabe 11

Welche Arbeitsschutzmaßnahmen müssen bei den Tätigkeiten aus der vorherigen Tabelle eingehalten werden?

Aufgabe 12

Heutzutage werden die 2K-Epoxidharzbeschichtungen zum Korrosionsschutz der Bewehrung (s. auch Arbeitsschritt 3 der vorherigen Tabelle) immer mehr durch kunststoffvergütete, mineralische Korrosionsschutzwerkstoffe abgelöst.

a) Erklären Sie die Korrosionsschutzwirkung dieser mineralischen Werkstoffe.

b) Diskutieren Sie die Vor- und Nachteile dieser Art von Korrosionsschutz.

Pos. 3 Beschichten der Betonwände

Wie würden Sie entscheiden?
Wählen Sie für das Beschichten der Betonwände einen der drei folgenden Beschichtungsstoffe aus und begründen Sie Ihre Wahl.

Technisches Merkblatt

Beschichtungsstoff 1

Silikatdispersion

- deckende Schluss- und Grundbeschichtung für mineralische Untergründe
- hoch wetterbeständig
- doppeltverkieselnd-quarzverstärkt für gute Haftung auf mineralischen Untergründen
- CO_2-durchlässig
- sehr gute Wasserdampfdurchlässigkeit
- kann durch Streichen, Rollen und Spritzen appliziert werden
- Verbrauch: 120–140 ml/m²

Technisches Merkblatt

Beschichtungsstoff 2

Acrylharzdispersion

- deckende Schluss-und Grundbeschichtung für mineralische Untergründe
- hoher Schutz gegen aggressive atmosphärische Einflüsse
- hoher CO_2-Diffusionswiderstand
- hoch wetterbeständig
- kann durch Streichen, Rollen und Spritzen appliziert werden
- wasserbasiert
- Verbrauch: 200 ml/m²

Technisches Merkblatt

Beschichtungsstoff 3

Kunststoffdispersion

- deckende Schluss-und Grundbeschichtung für mineralische Untergründe
- hoch wetterbeständig
- wasserdampfdiffusionsfähig
- leicht zu verarbeiten
- kann durch Streichen, Rollen und Spritzen appliziert werden
- wasserbasiert
- Verbrauch: 140–170 ml/m^2

Aufgabe 13

Berechnen Sie die gesamte zu beschichtende Wandfläche in diesem Parkhaus sowie den Verbrauch an Beschichtungsstoff.

FUSSBODENBESCHICHTUNG INKL. MARKIERUNGSARBEITEN

Leistungsbeschreibung

Pos. 1 Boden ordnungsgemäß prüfen und vorbereiten
Pos. 2 Betonboden beschichten
Pos. 3 Abschließende Qualitätsprüfung der Beschichtung durchführen
Pos. 4 Fahrbahnmarkierungen auf dem Boden durchführen

Pos. 1 Boden ordnungsgemäß prüfen und vorbereiten

Aufgabe 14

Wie muss ein Fußboden vor dem Beschichten beschaffen sein?

Aufgabe 15

Mit welchen Prüfmethoden prüft man den Untergrund auf ...

- Risse/andere Schäden:
- Saugfähigkeit:

Aufgabe 16

Vor dem Beschichten müssen spezielle Untergrundprüfungen durchgeführt werden. Beschreiben Sie die in der Tabelle aufgeführten Prüfmethoden.

Untergrundprüfung auf ...	Beschreibung
Feuchtigkeit mit dem CM-Verfahren 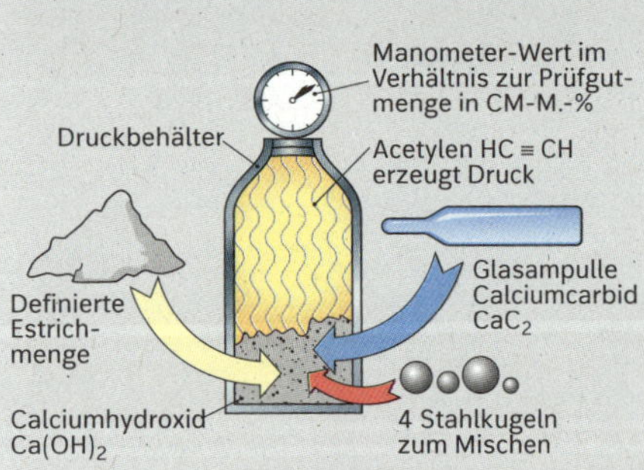	
Druckfestigkeitsprüfung mit dem Schmidthammer/Rückprallhammer 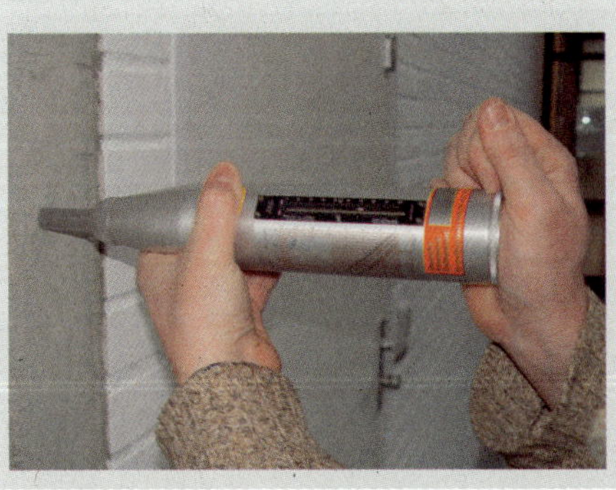	

Unebenheiten	
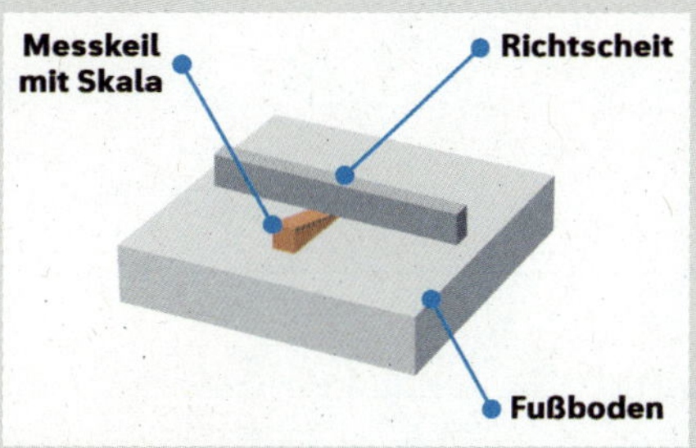	

Aufgabe 17

Die Untergrundprüfungen haben ergeben, dass der Untergrund schadenfrei, ausreichend durchgetrocknet und eben ist. Welche abschließenden vorbereitenden Maßnahmen sind noch durchzuführen?

Pos. 2 Betonboden beschichten

Aufgabe 18

Welchen besonderen Belastungen muss die Beschichtung des Bodens standhalten können?

Aufgabe 19

Oft sind in die Produktnamen von Beschichtungsstoffen die Abkürzungen für das verwendete oder zugesetzte Bindemittel integriert, woraus man auf besondere Eigenschaften und Anwendungen der Beschichtung schließen kann.

Welche Kunststoffe verstecken sich hinter diesen Abkürzungen? Ergänzen Sie das Kreuzworträtsel.

MF
UP
AK
Si
PUR
AY
RUK
B
EP

Aufgabe 20

Für Fußböden kommen folgenden Kunststoffe zum Einsatz: EP, PUR, UP, B und RUC.

a) Recherchieren Sie die besonderen Eigenschaften dieser Beschichtungsstoffe. Sinnvolle Recherchekriterien könnten sein: Chemikalienbeständigkeit, Beständigkeit gegen Öle, Treib- und Schmierstoffe, Schutz vor mechanischem Abrieb, Schwindverhalten nach dem Erhärten, Verarbeitung

Epoxidharz (EP)	
Polyurethanharz (PUR)	
ungesättigte Polyester (UP)	
Bitumen (B)	
Chlorkautschuk (RUK)	

b) Diskutieren Sie diese Eigenschaften und wählen Sie einen geeigneten Beschichtungsstoff für den Betonboden im Parkhaus aus.

Aufgabe 21

Ihr Meister hat festgestellt, dass einige Kollegen Schwierigkeiten bei der Erklärung der drei Bildungsreaktionen von Kunststoffen haben. Um bei Kundengesprächen in Zukunft besser vorbereitet zu sein, möchte er in der Werkstatt zu jeder Bildungsreaktion ein Plakat aufhängen.

a) Wie heißen die drei Bildungsreaktionen von Kunststoffen?

b) Ihr Meister beauftragt Sie, die Plakate in Form eines „Grafiz“, einer Kombination aus Grafik und Notiz, zu gestalten. Erstellen Sie zu jeder Bildungsreaktion ein solches Plakat.

Beschreibung des „Grafiz“:

<table>
<tr><td colspan="2">Titel (Worum geht es auf diesem Plakat?)</td></tr>
<tr><td>Überlegen Sie sich für dieses Kästchen eine grafische Darstellung, die den Sachverhalt möglichst anschaulich verdeutlicht.</td><td>In dieses Kästchen kommen wichtige Stichpunkte:
– erster wichtiger Stichpunkt zum Thema
– zweiter wichtiger Stichpunkt zum Thema
– dritter wichtiger Stichpunkt zum Thema</td></tr>
<tr><td colspan="2">In diesem Kästchen erklären Sie in einem Fließtext ausführlich den Sachverhalt, sodass jeder Leser und jede Leserin die genauen Zusammenhänge versteht.</td></tr>
<tr><td colspan="2">In diesem Kästchen stehen Quellenangaben und Verweise, unter denen interessierte Leser und Leserinnen weitere Informationen zum Sachverhalt finden können.</td></tr>
</table>

Aufgabe 22

Nach gründlicher Objektanalyse haben Sie sich für ein Produkt zur Beschichtung des Bodens entschieden. Beschreiben Sie folgende Verarbeitunghinweise anhand der abgebildeten Piktogramme auf dem Gebinde.

A : B **76,5 : 23,5**	
 **3 Min.**	
 **≤ +30 °C** **≥ +8 °C**	
POTLIFE  **25 Min.**	

Aufgabe 23

Da Sie das erste Mal einen Boden beschichten sollen, möchte Ihr Chef, dass Sie sich zunächst mit den Materialien vertraut machen und eine Musterplatte beschichten.

In der nachfolgenden Tabelle sind alle Arbeitschritte abgebildet. Bringen Sie die Arbeitsschritte in die richtige Reihenfolge und ergänzen Sie die fehlenden Inhalte.

Nr.	Bild	Tätigkeitsbeschreibung	Material/Werkzeug

			Quarzsand

Nr.	Bild	Tätigkeitsbeschreibung	Material/Werkzeug
2			
1		Das Stammmaterial (Harz) und der Härter für die Grundbeschichtung werden nach Herstellerangaben genau gemischt und anschließend gründlich verrührt.	
6			
5		Das Stammmaterial (Harz) und der Härter für die Schlussbeschichtung werden nach Herstellerangaben genau gemischt und anschließend gründlich verrührt.	

Aufgabe 24

Nun bittet Sie Ihr Chef, die Materialmengen für die Bodenbeschichtung zu berechnen. Für die Flächenberechnung hat er mit einem Laser-Entfernungsmesser ein Aufmaß der Garage genommen und alle wichtigen Maße in einer Skizze festgehalten.

a) Berechnen Sie die zu beschichtende Bodenfläche:

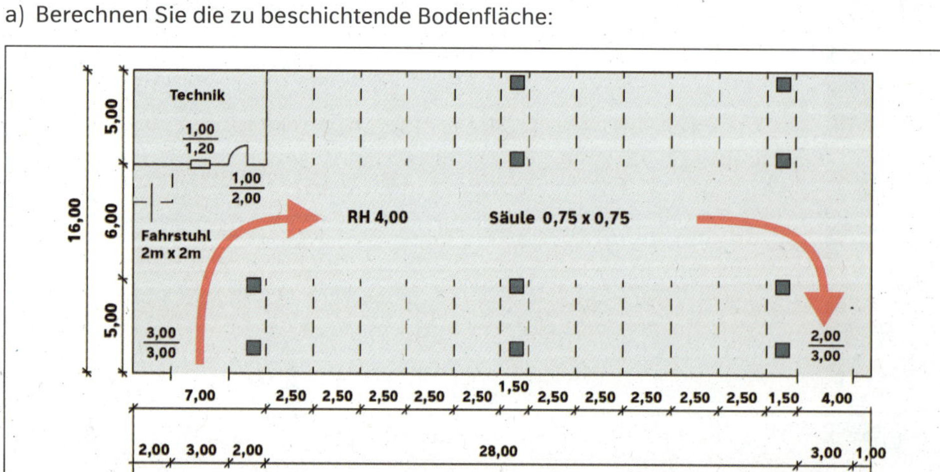

Bezeichnungen	Aufmaß	Zuzug	Abzug	Reiner Messgehalt

b) Der Verbrauch für die Grundbeschichtung wird vom Hersteller mit 0,1–0,25 kg/m² angegeben. Für das Absanden werden ca. 0,30 kg/m² Quarzsand benötigt. Für die Schlussbeschichtung beträgt der Verbrauch 0,70 kg/m².

Berechnen Sie die entsprechenden Arbeitsmengen und geben Sie die Gesamtmenge der beiden Komponenten sowie die Menge an Sand für den Materialverbrauch an.

Aufgabe 25

Die Beschichtung wird mit einem Rakel auf der Fläche verteilt. Anschließend muss die Oberfläche mit einer Igelwalze abgerollt werden.

a) Welchen Zweck erfüllt das Abrollen mit der Igelwalze?

b) Welches Hilfsmittel benötigen Sie, um so eine große Fläche vollständig zu entlüften?

Pos. 3 Abschließende Qualitätsprüfung der Beschichtung durchführen

Aufgabe 26

Nach sieben Tagen ist die Beschichtung laut Hersteller voll mechanisch belastbar. Abschließend wird eine Haftzugprüfung durchgeführt. Erklären Sie das Verfahren anhand der folgenden Bilder.

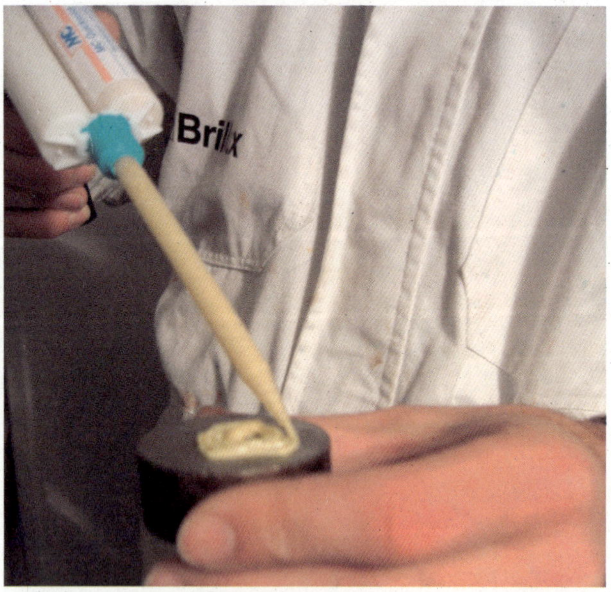

Pos. 4 Fahrbahnmarkierungen auf dem Boden durchführen

Farbbahnmarkierungen können auch in den Tätigkeitsbereich eines Malers oder einer Malerin fallen. Die Anforderungen für Fahrbahnmarkierungen sind generell in der DIN 1436 geregelt.

Piktogramme und andere Symbole werden mittels Schablonen auf den Untergrund übertragen.

Aufgabe 27

Vergrößern Sie anhand einer Rastervergößerung das abgebildete Piktogramm als Schablone für den Behindertenparkplatz im DIN-A3-Format.

KUNDENAUFTRAG

Das Kino „Cinepixx“ soll umgebaut werden. Der Eigentümer möchte in Zukunft Energiekosten einsparen und daher eine Wärmedämmmaßnahme durchführen.

Objektbeschreibung

Fassade: alter, fest haftender Silikatanstrich auf verputztem Mauerwerk mit Kratzputzstruktur
Innenwand: Putz der Mörtelgruppe PII, mit Dispersionsfarbenanstrich beschichtet

Auszuführende Arbeiten

- Analyse der Auftragssituation
- Erstellen eines Wärmedämmverbundsystems
- Planung und Durchführung der Anschlussdetails

ERSTELLEN EINES WÄRMEDÄMMVERBUNDSYSTEMS

Die Fassade soll mit einem Wärmedämmverbundsystem versehen werden. Das Kino wurde mit Hochlochziegeln gemauert und anschließend mit einem Kratzputz der Mörtelgruppe PII verputzt. Der Putz ist mit einem Silikatanstrich beschichtet worden.

Leistungsbeschreibung

Pos. 1 Vorbereiten des Untergrunds
Pos. 2 Befestigen des Dämmmaterials
Pos. 3 Anbringen der Armierung
Pos. 4 Verputzen der Fassade
Pos. 5 Aufbringen einer Finish-Beschichtung

Pos. 1 Vorbereiten des Untergrunds

Aufgabe 1

Erklären und begründen Sie, warum Wärmeschutzmaßnahmen an Gebäuden durchgeführt werden sollten.

Aufgabe 2

Zur Analyse des Bauwerks soll eine Thermografie erstellt werden. Diese soll weiterhin bei der Kundenberatung genutzt werden.
Erläutern Sie das Verfahren der Thermografie und stellen Sie den Nutzen des Verfahrens dar.

Aufgabe 3

Analysieren Sie die abgebildete Thermografie, indem Sie drei Aussagen zu den Wärmeverlusten des Hauses treffen. Geben Sie dem Kunden eine Empfehlung zur wirkungsvollen Einsparung von Heizenergie durch bauliche Veränderungsmaßnahmen.

Aufgabe 4

Wärme und damit Heizenergie geht durch verschiedene Bauteile eines Gebäudes verloren.
Schlagen Sie Maßnahmen zur Reduzierung der Wärmeverluste vor und ordnen Sie diese den jeweiligen Bauteilen zu.

Wärmeverluste nach Bauteil	Maßnahmen zur Reduzierung der Wärmeverluste
Dach 	
Wand 	

Wärmeverluste nach Bauteil	Maßnahmen zur Reduzierung der Wärmeverluste
Keller/Bodenplatte 	
Fenster (Transmission) 	
Fenster (Lüftung) 	

Aufgabe 5

Der Eigentümer des Kinos möchte von Ihnen den Unterschied zwischen einer Innen- und einer Außendämmung erklärt bekommen und wissen, welche Variante für das Kino besser geeignet ist.

a) Tragen Sie in die beiden abgebildeten Wandaufbauschnitte die Wärmeverlaufskurven für den Winter ein.

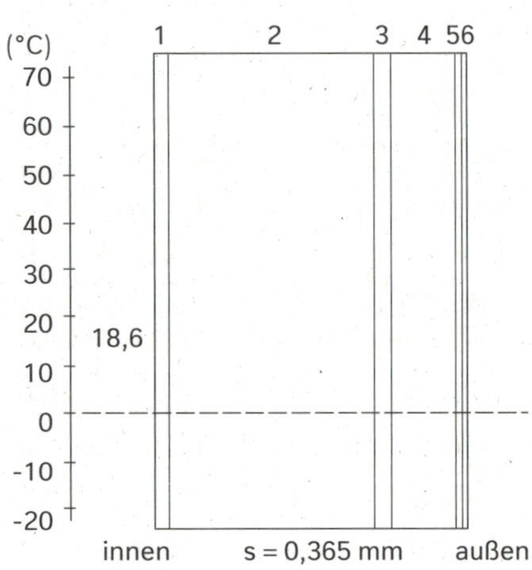

Schichtaufbau
1 Gipsputz ohne Zuschlag
2 Voll-, Hohllochziegel 1200 kg/m³
3 Kalkputz, Kalkzementputz
4 Mineralwoll-Lamellen
5 Armierungsputz
6 Oberputz

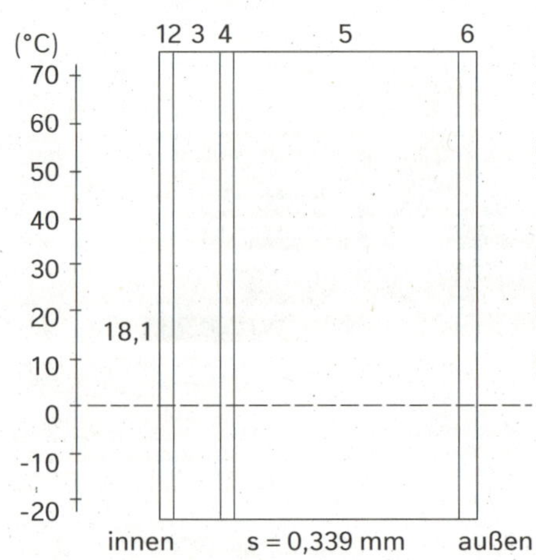

Schichtaufbau
1 Gipskartonplatten nach DIN 18180
2 Alufolie 0,05 mm
3 Polystyrol (PS)-Hartschaum Wlg: 040
4 Gipsputz ohne Zuschlag
5 Voll-, Hohllochziegel 1200 kg/m³
6 Kalkputz, Kalkzementputz

b) Erklären Sie dem Kunden die Vorteile beider Varianten.

Vorteile der Innendämmung:

Vorteile der Außendämmung:

c) Geben Sie eine Empfehlung für die Dämmung des Kinos.

Aufgabe 6

Sie sehen in einer Fachzeitschrift ein Kreuzworträtsel über das Thema Dämmung.
Lösen Sie das Kreuzworträtsel.

1. Wie nennt man den sich in Bauteilen ausbreitenden Schall, oft Trittschall genannt?
2. Wofür steht die Abkürzung dB?
3. Was wird in dB gemessen?
4. Was wird in der DIN 4109 geregelt?
5. Wie nennt man die Schallaussendung von Schallquellen?
6. Wie nennt man die Schalleinwirkung auf Menschen, Räume und Bauwerke?
7. Was bezeichnet der einheitslose μ-Wert?
8. Was ist der U-Wert?
9. Wofür steht die Abkürzung EnEV, die heute in das Gebäudeenergiegesetz (GEG) übergegangen ist?
10. Durch welches Dokument werden der Gebäudebestand und der Energiebedarf erfasst?
11. Wie heißt der Punkt, bei dem es bei sinkender Lufttemperatur zur Kondensation von Wasser kommt?
12. Wie wird die wasserdampfdiffusionsäquivalente Luftschichtdicke abgekürzt?
13. Was finden Sie in der DIN 4102, auf der Basis von Brandversuchen?

Lösungswort: (Ü = U und E)

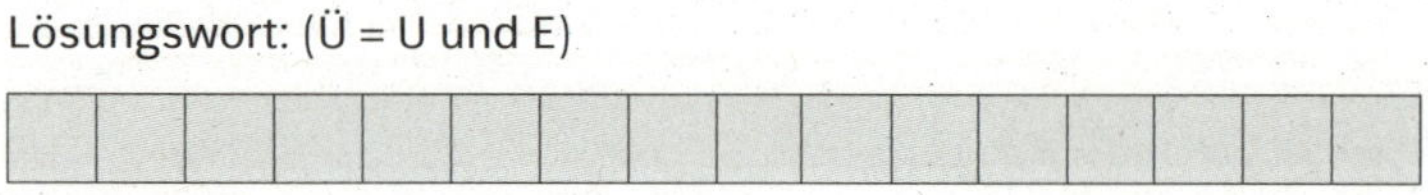

Aufgabe 7

Ihr Meister beauftragt Sie, im Lager zu kontrollieren, welche Dämmmaterialien noch vorhanden sind.

Informieren Sie sich über die Eigenschaften der verschiedenen Dämmstoffe. Tragen Sie außerdem den Anwendungsbereich, den μ-Wert und die Brandschutzklasse in folgende Tabelle ein.

Dämmstoff	Eigenschaften	Anwendungsbereich	Brandschutzklasse
Mineralwolle 		Dach: Decke: Wand:	
Expandierter Polystyrolschaum (EPS)  (Beispiel für Fassadendämmung)		Dach: Wand: Decke: Keller:	
Extrudierter Polystyrolhartschaum (XPS) 		Dach: Decke: Wand: Keller:	
Holzwolle-Leichtbauplatten (HWL-Platten) 		Wand:	

Dämmstoff	Eigenschaften	Anwendungsbereich	Brandschutz-klasse
Polyurethanhartschaum (PU) 		Dach: Decke: Keller: Außenwand:	

Aufgabe 8

Erstellen Sie ein Grafiz zu einem alternativen Dämmstoff, der nicht in Aufgabe 7 aufgeführt ist. Exemplarisch dienen hier die folgenden Materialien:

Schilfrohr-Leichtbauplatte

Schaumglas

Kalziumsilikatplatte

Gehen Sie auf die Besonderheiten dieses Dämmstoffs, auf mögliche Vor- und Nachteile und den Einsatzbereich ein.

Überschrift (Name des Dämmstoffs):	
Grafik (Zeichnung oder eingeklebtes Bild des Dämmstoffs):	Das Wichtigste in Stichpunkten:

Ausführliche Beschreibung, Vor- und Nachteile sowie Einsatzbereiche des Dämmstoffs:
Informationsquellen:

Aufgabe 9

Der Kunde hat sich für ein WDVS mit Polystyrolhartschaumplatten entschieden.
Zusammen mit einer Gesellin besichtigen Sie die Baustelle. Sie sollen alle Vorarbeiten notieren, die an einem Altbau vor Beginn der Dämmmaßnahme notwendig sind.

Aufgabe 10

In welchen Gesetzen, Normen oder Verordnungen ist die Begrenzung von Energieverlusten geregelt?

Pos. 2 Befestigen des Dämmmaterials

Aufgabe 11

a) Welche Befestigungsvarianten für Dämmmaterialien gibt es?

b) Welche Befestigungsvariante empfehlen Sie dem Kunden? Sowohl der Anstrich als auch der Putz sind tragfähig. Begründen Sie Ihre Antwort.

Aufgabe 12

Der interessierte Kunde möchte wissen, aus welchen Schichten das Wärmedämmverbundsystem besteht. Im Firmenwagen finden Sie das abgebildete Musterstück eines WDVS-Herstellers.
Erklären Sie dem Kunden den Aufbau sowie die Aufgaben der einzelnen Schichten.

Wie würden Sie entscheiden?

Der Kunde möchte aus optischen Gründen, dass das Regenfallrohr in das WDVS integriert wird. Stimmen Sie dem Vorschlag des Kunden zu? Begründen Sie Ihre Entscheidung.

Wie würden Sie entscheiden?

Der Eigentümer des Kinos hat durch intensive Recherche in ortsansässigen Baumärkten herausgefunden, dass er Geld sparen könnte, wenn die Materialien für das WDVS von verschiedenen Herstellern geliefert würden. Wie denken Sie über den Vorschlag Ihres Kunden?

Aufgabe 13

Zeichnen Sie in die folgende Zeichnung der Gebäudeecke ein, wie die weiteren Reihen der Polystyrolhartschaumplatten verlegt werden müssen.

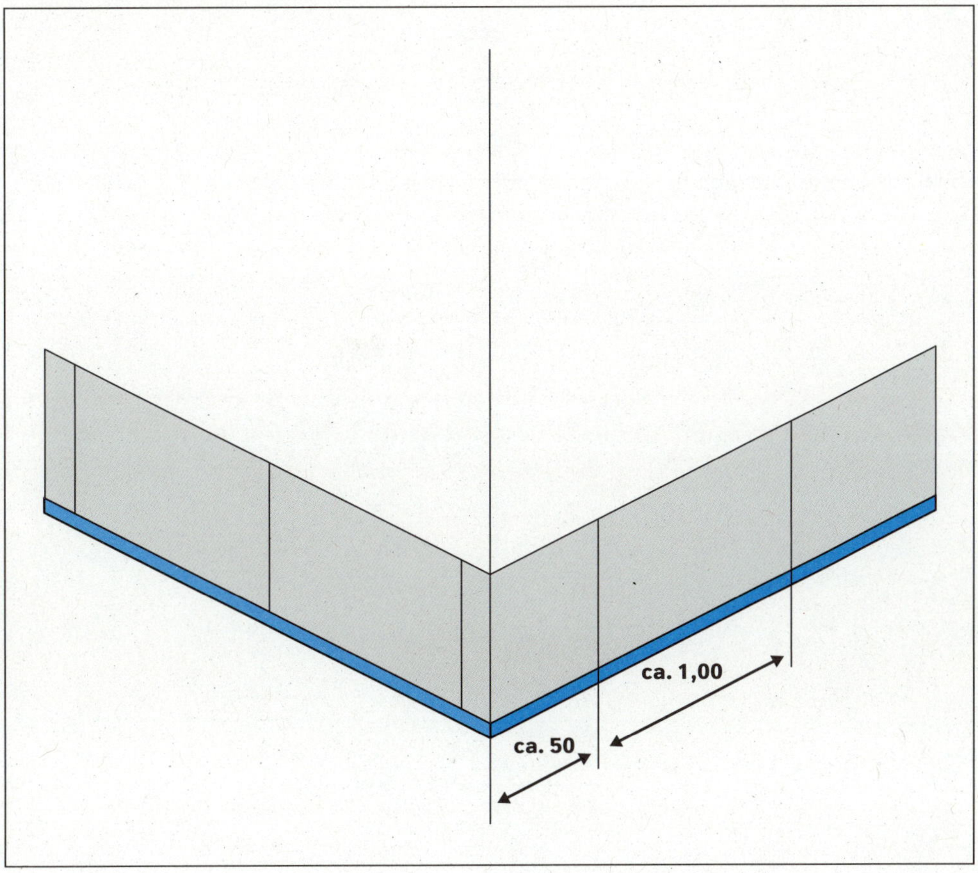

Wie würden Sie entscheiden?

Ein Lehrling aus dem ersten Lehrjahr schlägt vor, an den Fensteröffnungen die Fensterkanten mit den Dämmplattenstößen zu kreuzen. Ein weiterer Auszubildender bevorzugt das Ausschneiden der Fensterecken aus den Dämmplatten. Da sie sich nicht einigen können, werden Sie zur Schlichtung herbeigerufen.

Wie entscheiden Sie sich? Begründen Sie Ihre Antwort.

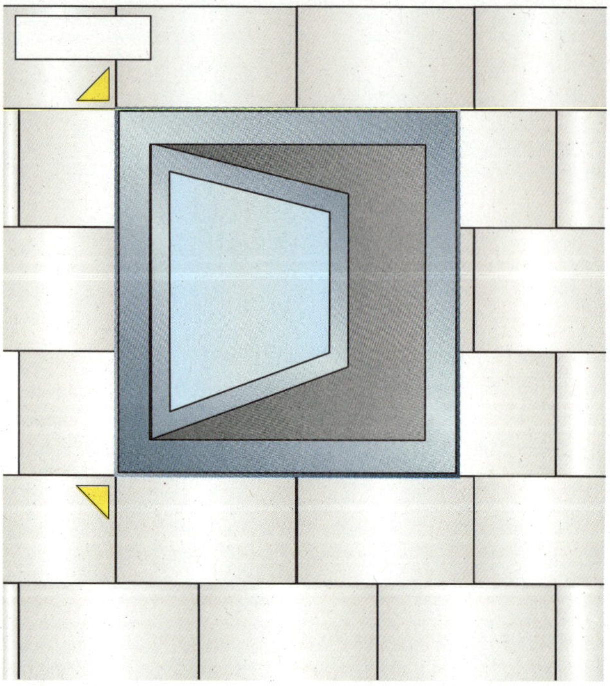

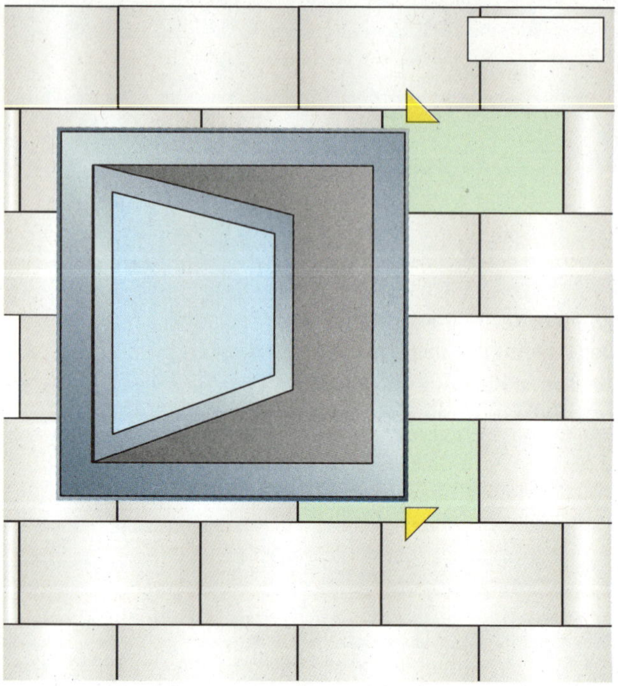

Aufgabe 14

Welche baulichen Maßnahmen sind aus Brandschutzgründen an diesem öffentlichen Gebäude besonders im Bereich der Fensteröffnungen zu beachten?

Aufgabe 15

Bei der Anbringung von EPS-Dämmplatten gibt es besondere Anforderungen, die aus Gründen des Brandschutzes beachtet werden müssen. Beraten Sie den Kunden in diesem Zusammenhang, indem Sie ihn über die drei unterschiedlichen Brandtypen informieren.

Im Beratungsgespräch fragt Sie der Kunde nach notwendigen „Brandschutzriegeln".

a) Erläutern Sie, worum es sich bei einem Brandschutzriegel handelt, und nennen Sie ein geeignetes Material.

b) Skizzieren Sie die Lage der geforderten Brandschutzriegel an der Kinofassade ein. Die Fassade hat auf der abgebildeten Seite eine maximale Höhe von 7,20 m. Hinter der Fassade befinden sich das Erdgeschoss und ein Obergeschoss. Begründen Sie Ihre Entscheidung.

Aufgabe 16

Bei den gelieferten Materialien finden Sie verschiedene Profile. Benennen Sie die Bauteile des Dämmsystems und erläutern Sie deren Funktion.

Abbildung und Benennung des Profils	Funktion
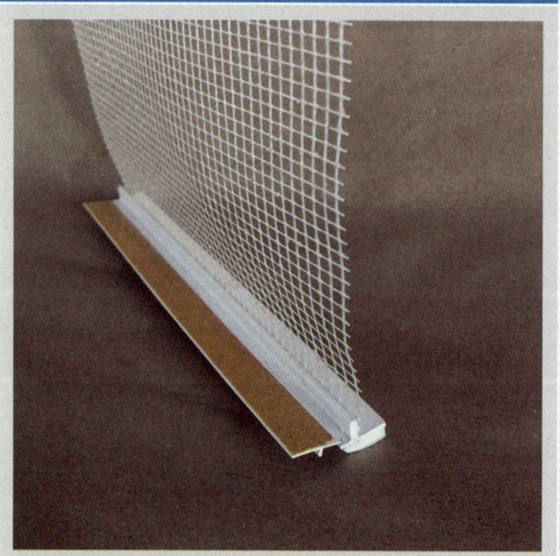	

Abbildung und Benennung des Profils	Funktion
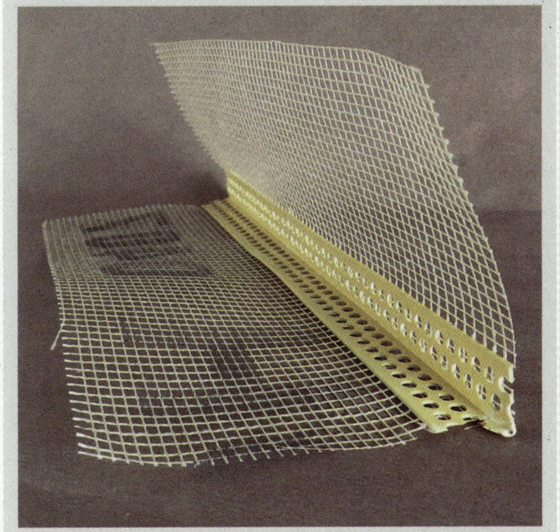	
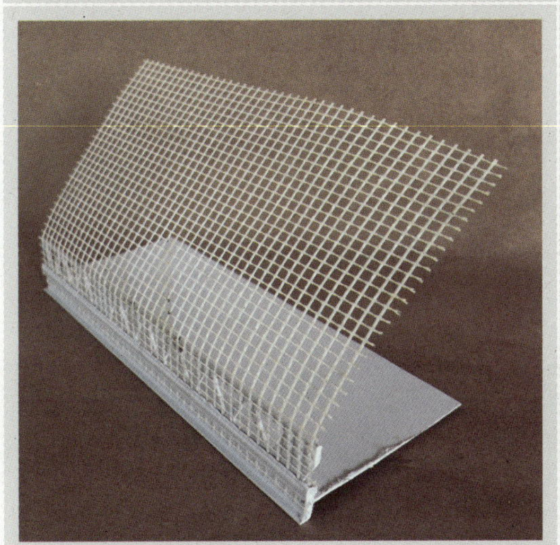	

Aufgabe 17

Die folgende Abbildung zeigt im Detail den Sockelbereich eines Wärmedämmverbundsystems mit geringer Einbindung in den Boden.

a) Beschriften Sie die verschiedenen Bauteile.

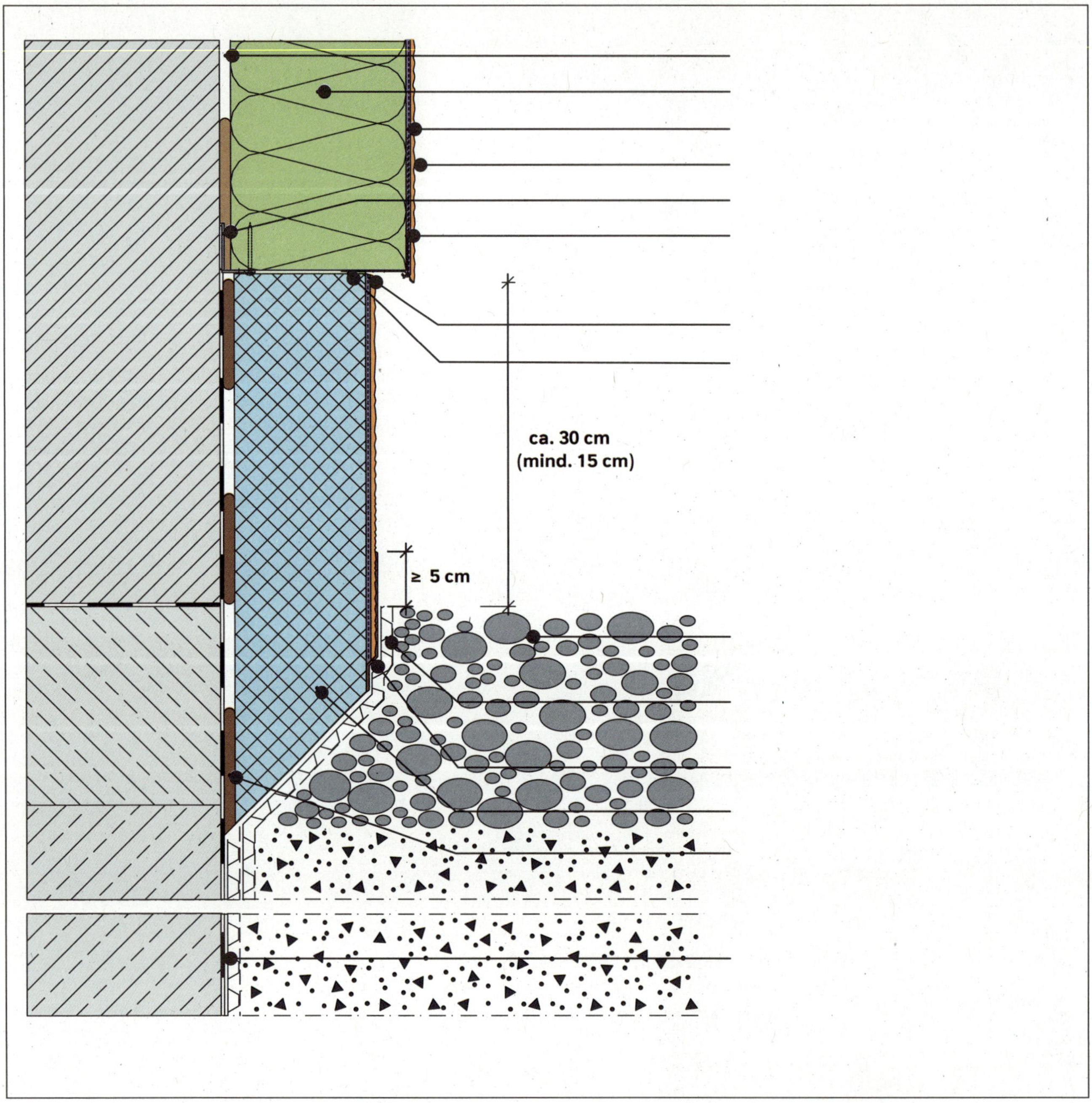

b) Erläutern Sie, weshalb die Dämmung im unteren Bereich bei der Einbindung in den Boden nicht horizontal endet, sondern angeschrägt wird.

Aufgabe 18

Die Dachsparren sind in diesem Bereich sichtbar. Zeichnen Sie dazu das Anschlussdetail im Querschnitt.

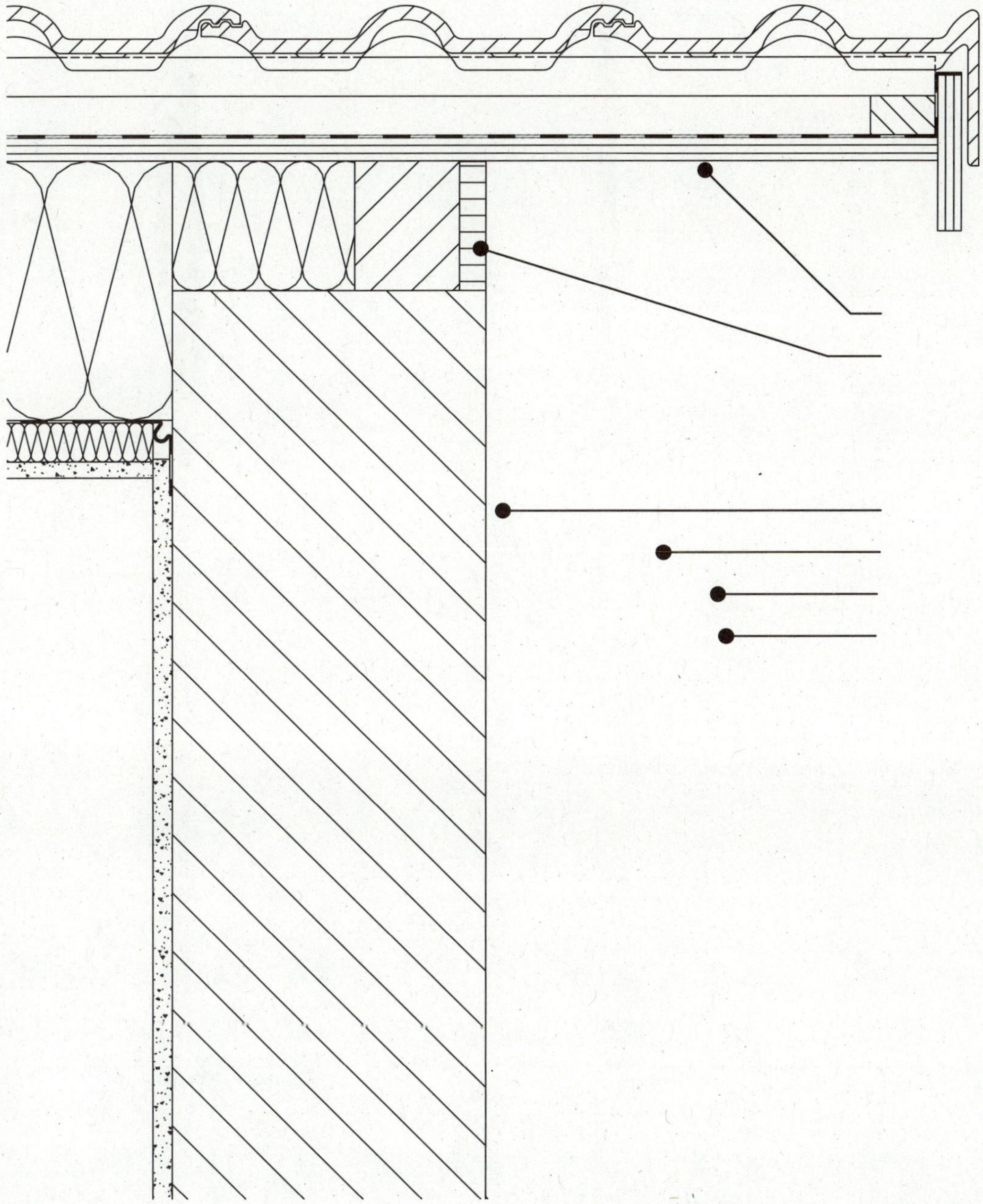

Aufgabe 19

Nach dem Verkleben der Platten beauftragt Sie Ihr Meister, die Platten zu verdübeln.
Beim Durchsuchen der Werkstatt finden Sie die abgebildeten Dübel. Welche Dübel wählen Sie zur Befestigung der Polystyrolhartschaumplatten?

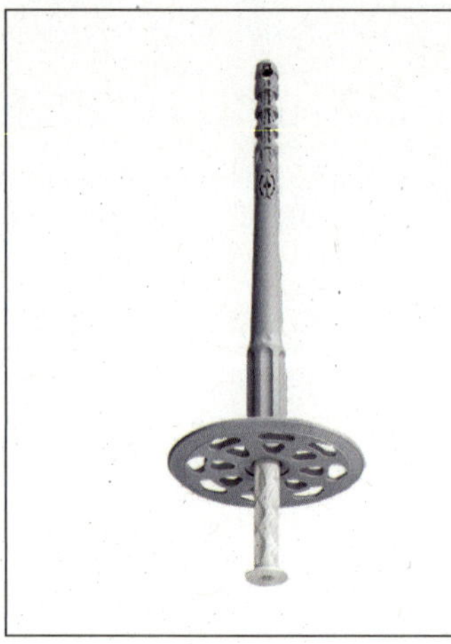
1

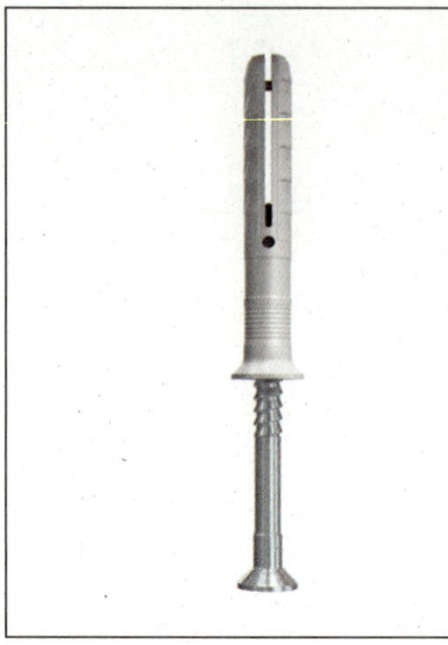
2

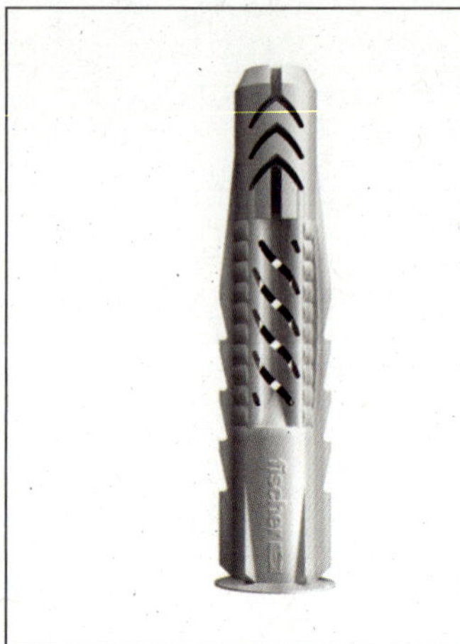
3

Aufgabe 20

Zeichnen Sie in der abgebildeten Dämmfläche ein, wo Sie die Dübel platzieren.
Wie viele Dübel müssten Sie demnach pro m^2 Wandfläche bestellen?

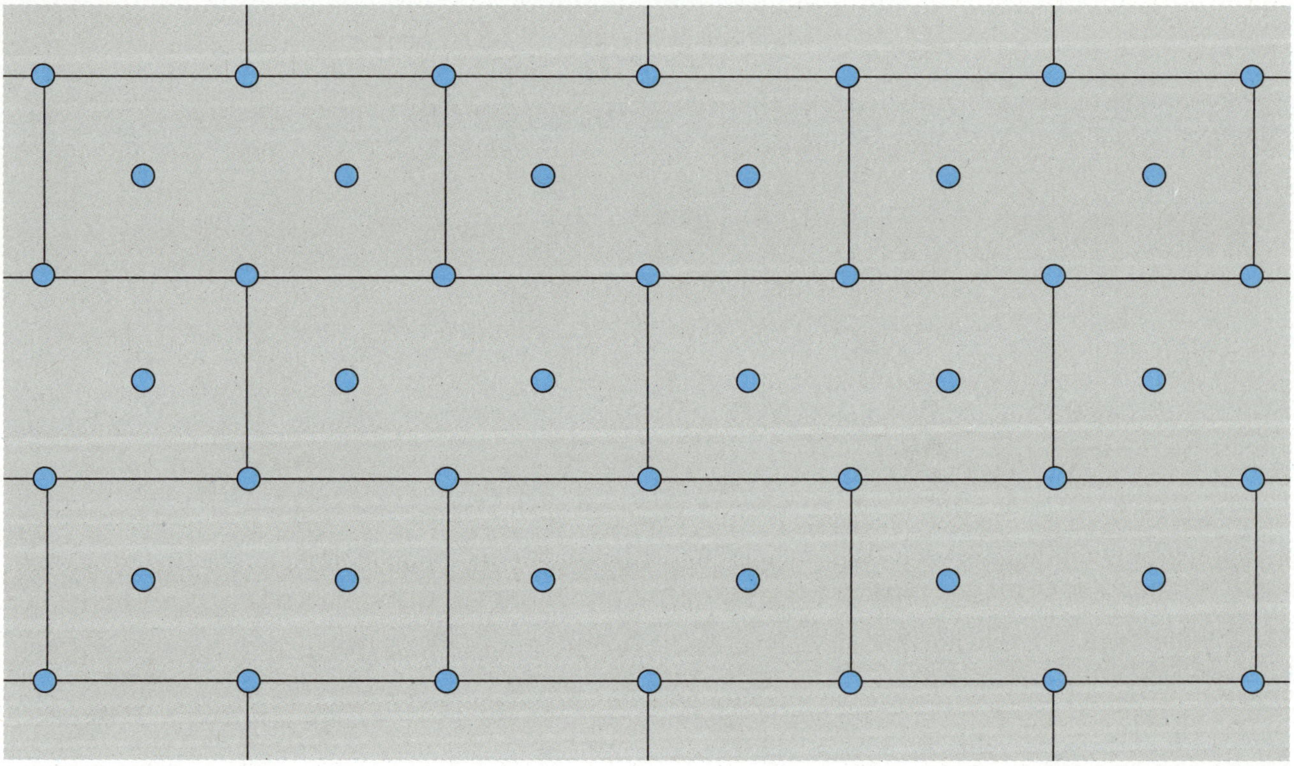

Aufgabe 21

Berechnen Sie den U-Wert des Wandaufbaus der Kinoaußenwände nach Anbringen des WDVS.
Runden Sie Zwischenergebnisse auf vier Stellen nach dem Komma.

a) Recherchieren Sie zunächst die fehlenden Wärmeleitzahlen für die Baustoffe in der Tabelle.

Wandaufbau	λ-Wert
1,5 cm Putzmörtel aus Kalkgips	
24 cm Leichthochlochziegelmauerwerk mit Lochung A	0,39 W/m · K
2 cm alter Außenputz aus Kalkzement	0,87 W/m · K
12 cm Polystyrolhartschaumplatte WLG 025	
0,5 cm Armierung	0,30 W/m · K
0,3 cm Silikatputz mit Kratzputzstruktur	0,00 W/m · K

	Wärmeübergangswiderstand

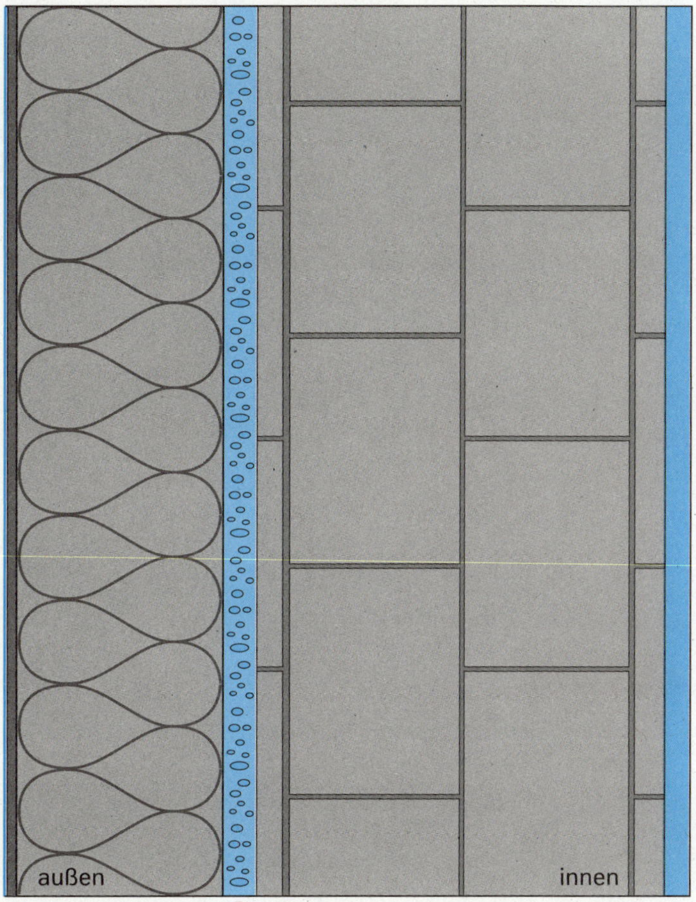

b) Berechnen Sie die Wärmedurchlasswiderstände der einzelnen Wandschichten.

c) Berechnen Sie den Wärmedurchgangswiderstand der gesamten Wand.

d) Berechnen Sie den Wärmedurchgangskoeffizienten.

Aufgabe 22

a) Wird durch den in Aufgabe 21 berechneten Wandaufbau der Mindestwärmeschutz zur Vermeidung von Tauwasserausfall nach DIN 4108-2 erreicht?

b) Wäre der Mindestwärmeschutz auch vom bisherigen Wandaufbau ohne die zusätzliche Wärmedämmung erfüllt worden?

Pos. 3 Anbringen der Armierung

Aufgabe 23

Zusammen mit einem Praktikanten messen Sie das Kino aus, damit die richtige Menge Armierungsgewebe bestellt werden kann. Ihr Meister möchte das Aufmaß später für die Rechnungserstellung verwenden. Er bittet Sie deshalb um nachvollziehbare Schreibweise auf einem Aufmaßblock nach den Regeln der VOB und um Berechnen der Massen der zu bearbeitenden Wandfläche.

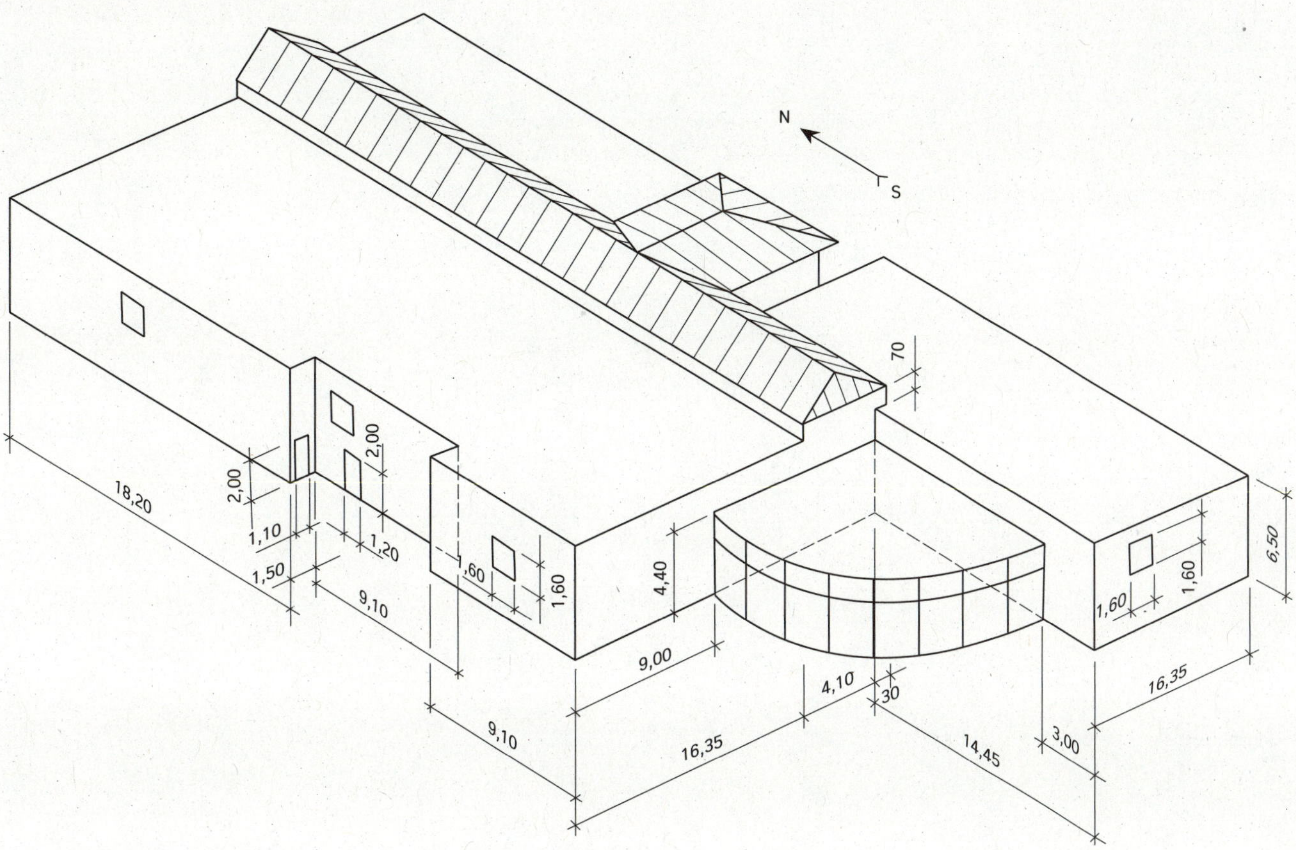

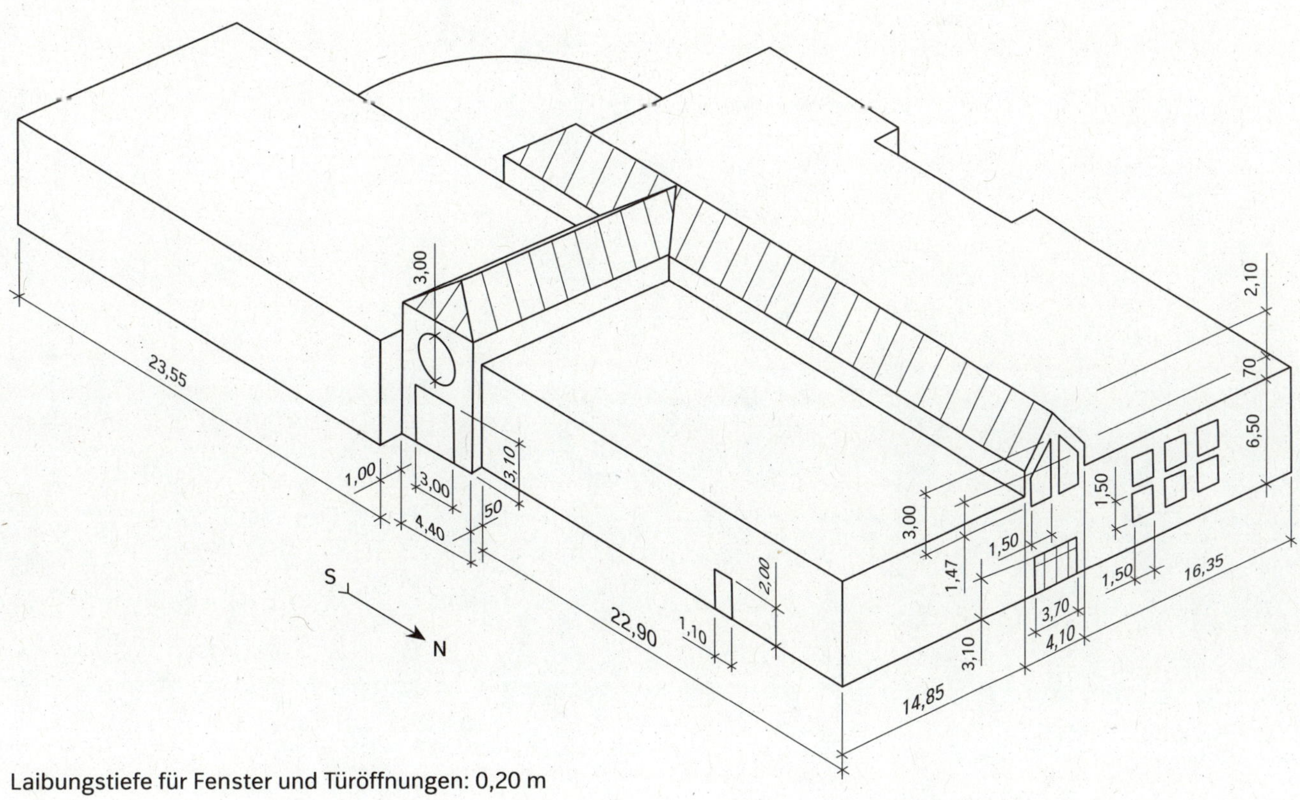

Laibungstiefe für Fenster und Türöffnungen: 0,20 m

Bezeichnungen	Abmessungen	Einzelflächen/ Zuzüge	Abzüge	Reiner Messgehalt
Südseite				
Westseite				

Bezeichnungen	Abmessungen	Einzelflächen/ Zuzüge	Abzüge	Reiner Messgehalt
Nordseite				
Ostseite				
Wandfläche gesamt				

Aufgabe 24

Durch das gemeinsame Aufmaß haben Sie das Interesse des Praktikanten geweckt. Er möchte nun von Ihnen die notwendigen Arbeitsschritte der Armierung erklärt bekommen.
Beschreiben Sie ihm diese.

Aufgabe 25

Der Auftraggeber zeigt Ihnen an einem Nachbarhaus mit Wärmedämmverbundsystem zwei fehlerhafte Bereiche und möchte von Ihnen wissen, welche Ursachen diese Schäden haben.

Pos. 4 Verputzen der Fassade

Aufgabe 26

Nachdem die Armierungsmasse vollständig getrocknet ist, soll die Fassade verputzt werden.
Der Kunde hat sich für einen Mineralleichtputz in Kratzputzstruktur entschieden. Benennen Sie die abgebildeten Putzstrukturen. Welche der Strukturen entspricht dem Kundenwunsch?

Aufgabe 27

Der Putz wird als Sackware in Einheiten mit je 25 kg angeliefert. Um einen verarbeitungsfertigen Putz zu erhalten, muss das Pulver mit je 8 l Wasser angerührt werden. Laut Herstellerangaben werden 3,5 kg fertig angerührter Putz pro Quadratmeter Wandfläche benötigt. Wie viele Säcke bestellen Sie unter Berücksichtigung der Massen aus Ihrem Aufmaß?

Pos. 5 Aufbringen einer Finish-Beschichtung

Aufgabe 28

Der Besitzer des Kinos möchte aus optischen Gründen gerne einzelne Bereiche der Fassade in einem dunklen, anthrazitgrauen Farbton beschichten lassen. Die Hersteller der Wärmedämmverbundsysteme geben jedoch oft für die Oberflächengestaltung einen Hellbezugswert von 20 an, der nicht unterschritten werden darf.

a) Begründen Sie die Entscheidung der Hersteller gegen dunkle Farbtöne.

b) Eine Fachberaterin empfiehlt die Verwendung einer Fassadenbeschichtung mit spezieller TSR-Formel. Diese ermöglichen die Gestaltung von WDVS-Oberflächen mit dunkleren Farbtönen (Hellbezugswert < 20). Recherchieren Sie die Bedeutung der Abkürzung TSR und erläutern Sie die Wirkungsweise der Fassadenbeschichtung. Nutzen Sie zur Erläuterung das folgende Diagramm:

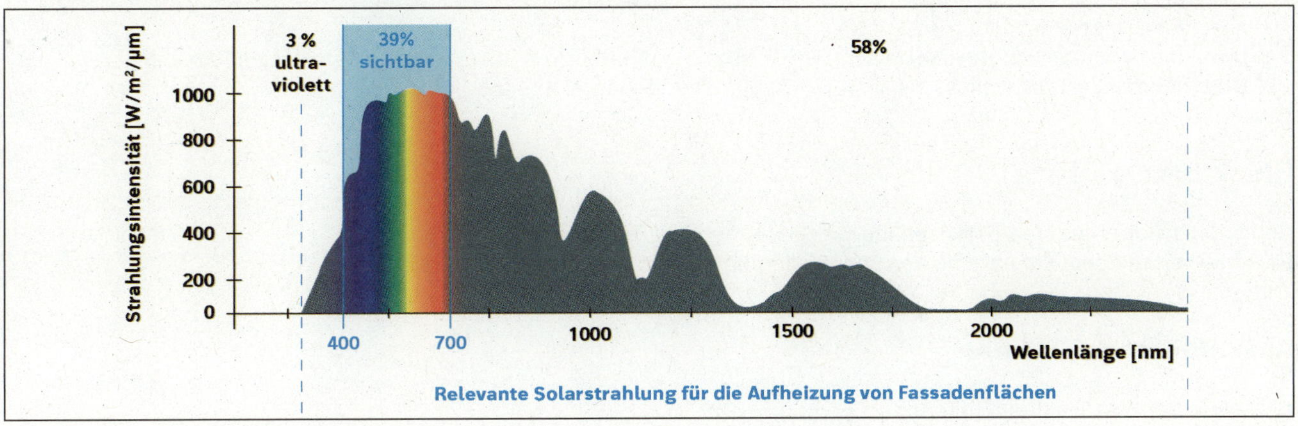

KUNDENAUFTRAG

Ihre Malerfirma wird beauftragt, die Malerarbeiten an einer historischen Fassade eines Mehrfamilienhauses vorzunehmen. Im Erdgeschoss befinden sich eine Tischlerei und ein Geschäft für Computer mit Ausstellungsräumen zur Straße hin. Das Geschäft für Computer unterzieht sich aktuell einem Erneuerungsprozess und erhält neue, geschmackvollere Schilder.
Der Kunde erwartet von Ihnen eine Beratung bezüglich der farblichen Gestaltung der Fassade, die sowohl den Unternehmen im Erdgeschoss als auch den Ansprüchen an ein Wohnhaus gerecht wird.

Objektbeschreibung

Gebäude: historisches Mehrparteienhaus mit Geschäften im Erdgeschoss
Fassade: verputzt, mit Stuckelementen und Verzierungen, Fachwerk im oberen Bereich

Auszuführende Arbeiten

- Analyse der Fassade durchführen
- Farbplan für die Fassade erstellen
- Fassade beschichten

Vorderansicht

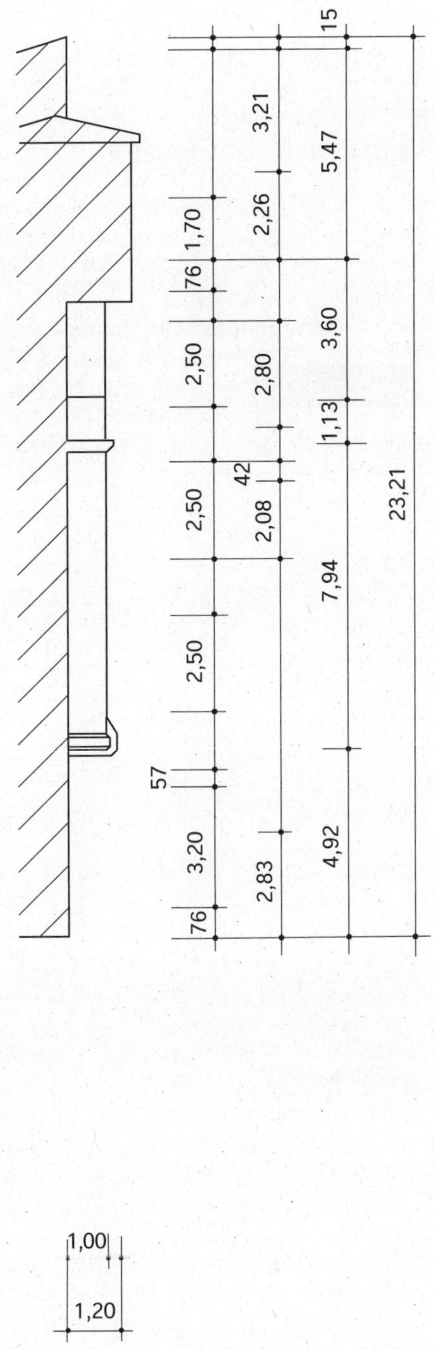

Seitenansicht

ANALYSE DER FASSADE DURCHFÜHREN

Das historische Gebäude wird vor Beginn der Arbeiten analysiert.

Leistungsbeschreibung

Pos. 1 Fassadenelemente benennen
Pos. 2 Fassade einem Baustil zuordnen

Pos. 1 Fassadenelemente benennen

Aufgabe 1

Benennen Sie mithilfe des Fachbuches die verschiedenen Architekturelemente des abgebildeten Hauses.

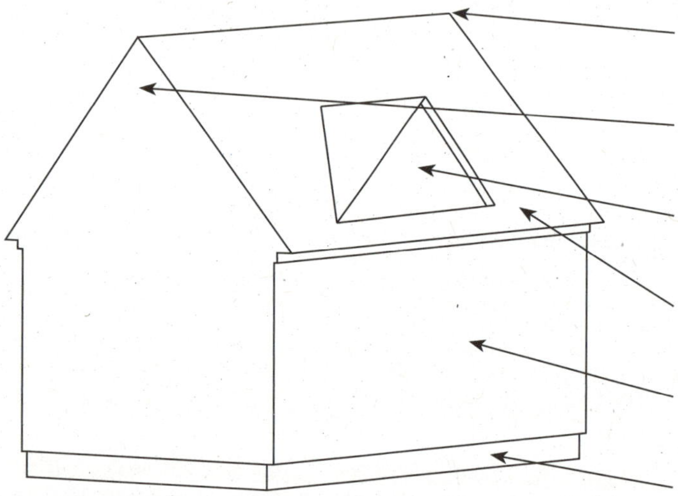

Aufgabe 2

Beschreiben Sie das Fassadenelement Gesims.

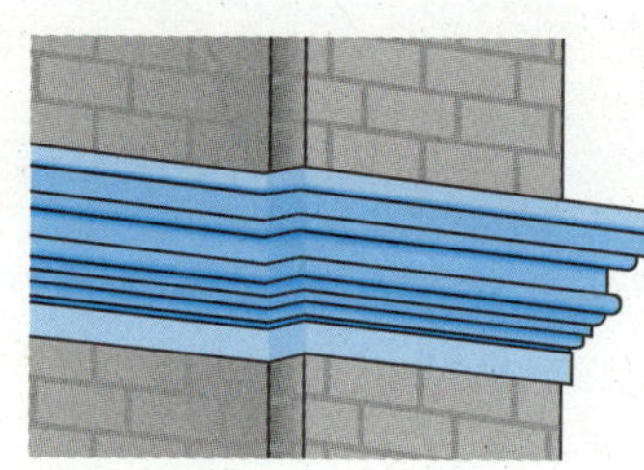

Aufgabe 3

Erläutern Sie den Unterschied zwischen Lisene und Pilaster.

Aufgabe 4

Informieren Sie sich über die Merkmale der Bauteile Auslucht und Erker.
Skizzieren Sie diese von vorn und von der Seite.

Aufgabe 5

Benennen Sie die Architekturelemente des Mehrfamilienhauses.

Aufgabe 6

Betrachten Sie das Foto des Mehrfamilienhauses aus dem Kundenauftrag. Welche Gaubenart erkennen Sie?

Aufgabe 7

Informieren Sie sich über die Benennung von Fachwerkelementen und beschriften Sie die Zeichnung.

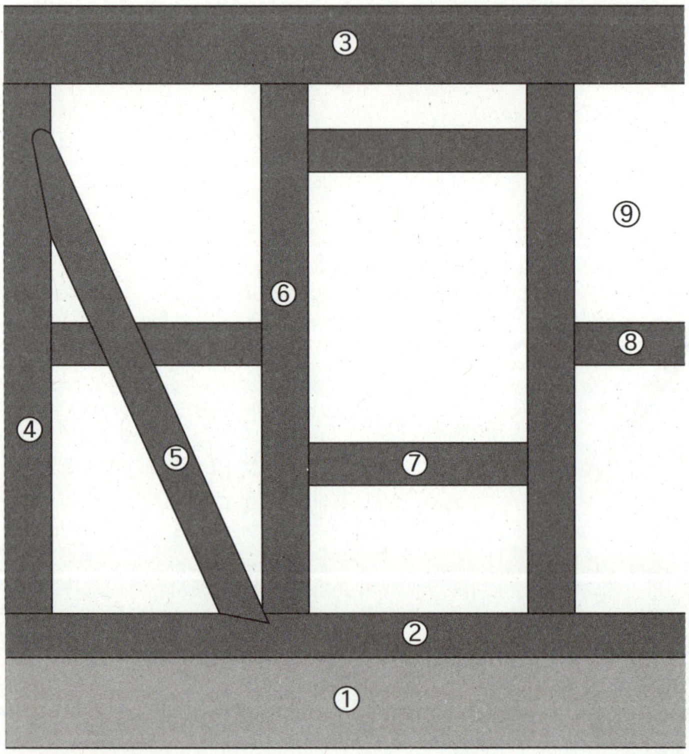

①
②
③
④
⑤
⑥
⑦ Brüstungsriegel
⑧
⑨

Aufgabe 8

Benennen Sie die Fachwerkteile des Gebäudes im Kundenauftrag.

①
②
③
④
⑤

Pos. 2 Fassade einem Baustil zuordnen

Aufgabe 9

Bevor Sie eine Fassade einem bestimmen Baustil zuordnen können, müssen Ihnen die Baustile bekannt sein. Fertigen Sie für jeden Baustil nach den vorgegebenen Mustern der Folgeseiten je einen Steckbrief an. Die Steckbriefe behandeln Baustile aus dem europäischen Raum.

Hinweis: Der erste Steckbrief dient als Beispiel und Vorlage.
Für die leeren Abbildungsfelder suchen Sie Beispiele aus dem Internet, die Sie abzeichnen oder ausdrucken und aufkleben.

Steckbrief 1

Stilepoche: Griechische und Römische Antike

Zeitraum: 1200 v. Chr. bis ca. 600 n. Chr.

Ort: Mittelmeerraum

Wichtige Ereignisse/Erfindungen/Machtverhältnisse:
Griechen haben die Demokratie (erst mal nur für einige) erfunden. Nachdem die Römer die Vormachtstellung in Europa errungen haben, haben die Römer viel von den Griechen übernommen und im Bereich der Baukunst weiterentwickelt.

Typische Bauwerke: Tempel, Torbauten, Theater, Paläste, Gymnasien, Brunnen, Leuchttürme, Befestigungsbauten, Bibliotheken, Wohnbauten

Merkmale der Fassade/des Gebäudes: Säulen (dorisch, ionisch, korinthisch)
strenge Ordnung, senkrecht – waagerecht
Bogen, Kreuz-, Tonnen-, Kuppelgewölbe, Rundbogen
Ornamentik: Wellenband, Mäander, Perlstab

Materialien/Farbtöne: Stein, Putz,
Blau, Rot, Orange, Gelb

Griechischer Tempel

Säule

Wasserleitungsbau

Wellenband

Steckbrief 2

Stilepoche: Romantik

Zeitraum:

Ort:

Wichtige Ereignisse/Erfindungen/Machtverhältnisse:

Typische Bauwerke:

Merkmale der Fassade/
des Gebäudes:

Materialien/Farbtöne:

Michaeliskirche in Hildesheim

Romanische Ornamentik

Würfelkapitell

Rundbogen

Steckbrief 3

Stilepoche: Gotik

Zeitraum:

Ort:

Wichtige Ereignisse/Erfindungen/Machtverhältnisse:

Typische Bauwerke:

Merkmale der Fassade/
des Gebäudes:

Materialien/Farbtöne:

Kölner Dom

Kathedrale von Reims, Frankreich

Spitzbogen mit Maßwerk

Kreuzblume

Steckbrief 4

Stilepoche: Renaissance, in Deutschland Ausprägung der Weserrenaissance

Zeitraum:

Wichtige Ereignisse/Erfindungen/Machtverhältnisse:

Typische Bauwerke:

Merkmale der Fassade/
des Gebäudes:

Materialien/Farbtöne:

Haus mit Erker aus der Weserrenaissance

Bremer Rathaus

Rundgiebel und Dreiecksgiebel

Palazzo Farnese in Rom

Steckbrief 5

Stilepoche: Barock

Zeitraum:

Wichtige Ereignisse/Erfindungen/Machtverhältnisse:

Typische Bauwerke:

Merkmale der Fassade/
des Gebäudes:

Materialien/Farbtöne:

Zwinger in Dresden

Schmuckgiebel

Putte

Barocke Fassade

Brüstungselement mit Fassaden-Büste

Steckbrief 6

Stilepoche: Klassizismus und Empire Stil

Zeitraum:

Wichtige Ereignisse/Erfindungen/
Machtverhältnisse:

Brandenburger Tor in Berlin

Typische Bauwerke:

Merkmale der Fassade/
des Gebäudes:

Ornament an La Madeleine in Paris

Materialien/Farbtöne:

Leineschloss Hannover

Elisenbrunnen Aachen

Steckbrief 7

Stilepoche: Historismus

Zeitraum:

Wichtige Ereignisse/Erfindungen/
Machtverhältnisse:

Neues Rathaus in Hannover

Typische Bauwerke:

Merkmale der Fassade/
des Gebäudes:

Materialien/Farbtöne:

Kirche im neoromanischen Stil

Mehrfamilienhaus

Steckbrief 8

Stilepoche: Jugendstil
Deutschland: Jugendstil
Frankreich und Belgien: Art Noveau
England: Modern Style
Österreich: Sezessionsstil

Zeitraum:

Wichtige Ereignisse/Erfindungen/Machtverhältnisse:

Typische Bauwerke:

Merkmale der Fassade/
des Gebäudes:

Materialien/Farbtöne:

Jugendstileckhaus in Weimar

Hackesche Höfe in Berlin

Jugendstilfassade in Hannover

Jugendstilornamentik

Steckbrief 9

Stilepoche: Moderne und Postmoderne

Zeitraum:

Wichtige Ereignisse/Erfindungen/
Machtverhältnisse:

Fagus-Werk in Alfeld

Typische Bauwerke:

Merkmale der Fassade/
des Gebäudes:

Materialien/Farbtöne:

Museum of Modern Art in New York

Kanzleramt in Berlin

Aufgabe 10

Erklären Sie die Begriffe Profanbau und Sakralbau und geben Sie je zwei Beispiele an.

Aufgabe 11

Welche Bedeutung hat der Begriff „Renaissance“?

Aufgabe 12

Die meisten Namen haben die Stilepochen erst im Nachhinein erhalten. Recherchieren Sie den Ursprung der Namen „Gotik“, „Rokoko“.

Gotik:

Rokoko:

Aufgabe 13

In vielen Stilepochen ist die Säule ein wichtiges architektonisches Element. Nennen Sie mögliche Gründe dafür.

Aufgabe 14

Bennen Sie die drei Teile einer Säule.

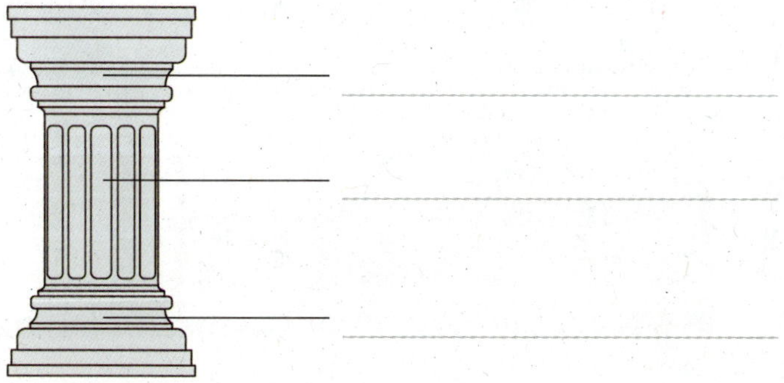

Aufgabe 15

Betrachten Sie die Abbildungen des Gebäudes aus dem Kundenauftrag. Benennen Sie die Architekturelemente und Ornamente und geben Sie an, zu welchem Baustil diese passen. Überlegen Sie anschließend, welchem Baustil Sie das Gebäude aus dem Kundenauftrag zuordnen würden. Begründen Sie Ihre Entscheidung.

horizontale Gliederung durch Gesimse, Hinweis auf den Baustil Renaissance

Begründung:

FARBPLAN FÜR DIE FASSADE ERSTELLEN

Der Kunde wünscht als Entscheidungshilfe für die Farbwahl zwei verschieden gestaltete Farbpläne von der Fassade. Diese sollen in einem Beratungsgespräch präsentiert werden.

Leistungsbeschreibung

Pos. 1 Beratungsgespräch zur Fassadengestaltung
Pos. 2 Farbplan für die Fassade erstellen

Pos. 1 Beratungsgespräch zur Fassadengestaltung

Damit Sie sich auf das Kundengespräch vorbereiten können, informieren Sie sich über wichtige Grundsätze der Fassadengestaltung.

Aufgabe 16

Für die Fassadengestaltung werden meist helle, häufig auch unauffällige Farbtöne verwendet. Erläutern Sie die Gründe dafür.

Aufgabe 17

Legen Sie die beiden abgebildeten Fassaden in einem Farbton mittlerer Helligkeit aus. Der Sockel der rechten Fassade soll einen helleren Farbton, der Sockel der linken Fassade einen dunkleren Farbton erhalten. Beurteilen Sie anschließend die Wirkung der Fassadengestaltung und leiten Sie daraus eine Gestaltungsregel ab.

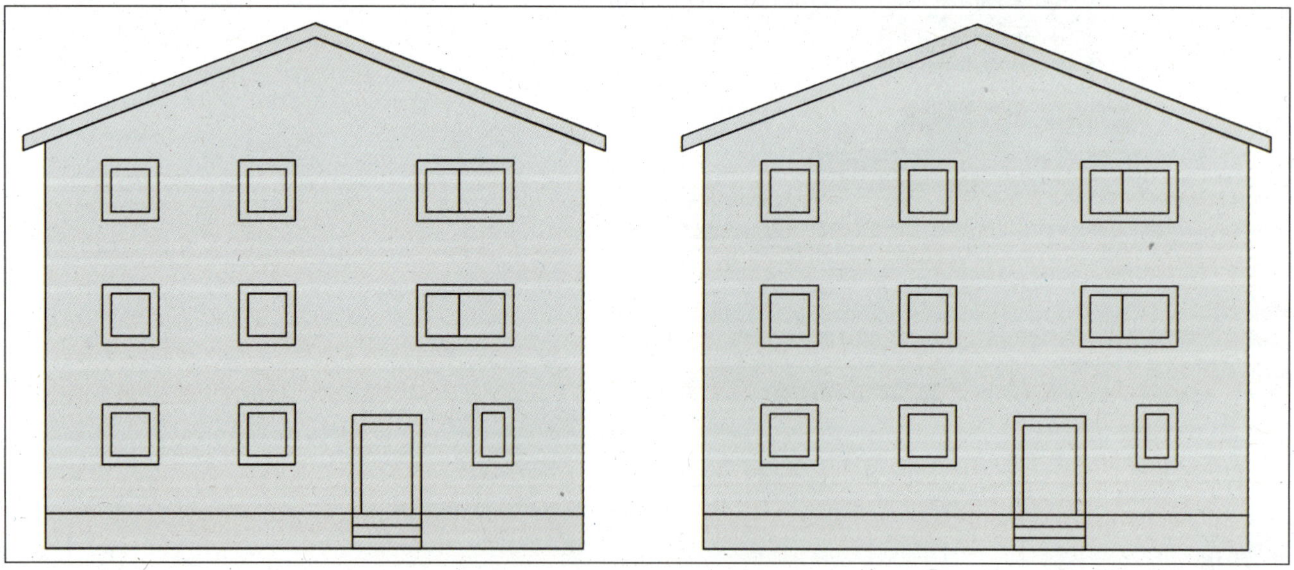

Beurteilung:

Aufgabe 18

Gestalten Sie die rechte Fassade mit einer dunklen Tür und dunklen Fensterrahmen. Die linke Fassade soll eine helle Tür und helle Fensterrahmen erhalten. Legen Sie die Fassadenfläche wieder in einem Farbton mittlerer Helligkeit aus. Beurteilen Sie anschließend die Wirkung der Fassadengestaltung und leiten Sie daraus eine Gestaltungsregel ab.

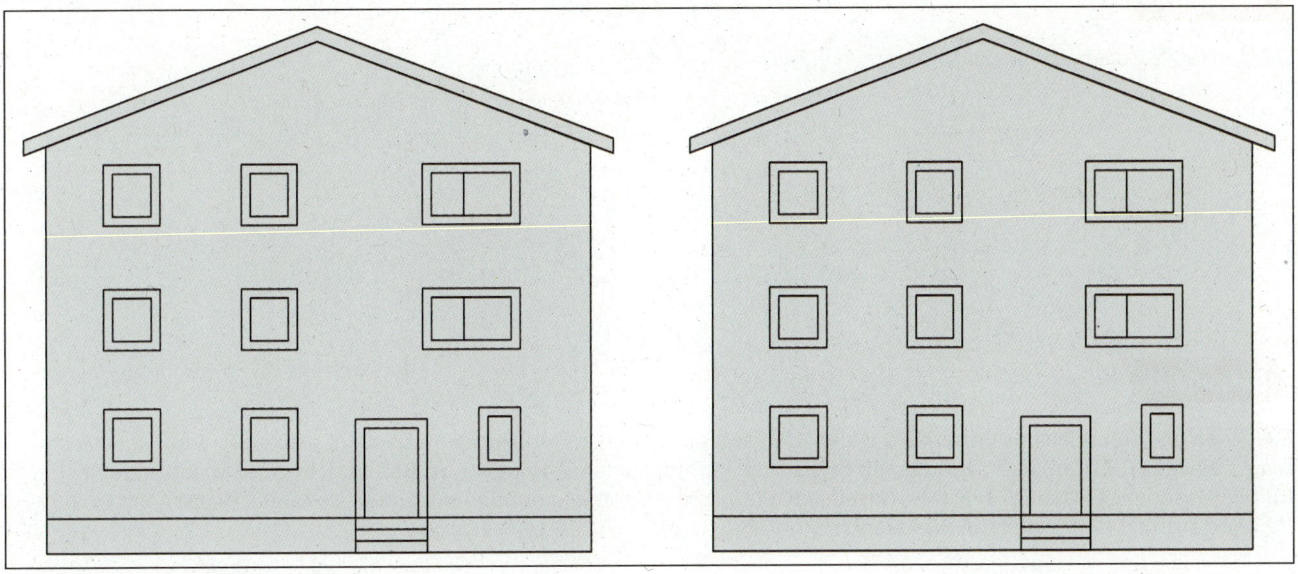

Beurteilung:

Aufgabe 19

Warum wird Fachwerk meist dunkel gestaltet?

Aufgabe 20

Notieren Sie weitere Regeln in Bezug auf Farbton und Kontrast für die Fassadengestaltung. Nutzen Sie zur Recherche Ihr Fachbuch und eigene Erfahrungen.

Aufgabe 21

Nennen Sie Kriterien, die die Farbwahl für eine Fassade beeinflussen.

Aufgabe 22

Sie sehen im Folgenden das Gebäude aus dem Kundenauftrag mit angrenzenden Gebäuden in aktueller farblicher Gestaltung. Legen Sie das farblose Gebäude mit Buntstiften in verschieden Varianten aus. Berücksichtigen Sie dabei die Regeln für die Fassadengestaltung. Beachten Sie auch die farbliche Gestaltung der angrenzenden Gebäude. Wählen Sie eine Variante aus und begründen Sie Ihre Wahl.

Begründung:

Pos. 2 Farbplan für die Fassade erstellen

Aufgabe 23

Gestalten Sie beide Fassadenhälften in unterschiedlichen Farbtönen. Zum Auslegen der Zeichnung können Buntstifte genutzt werden. Präsentieren Sie Ihren Farbplan vor dem Kunden. Begründen Sie Ihre gestalterischen Entscheidungen.

FASSADE BESCHICHTEN

Die Fassade soll im ausgewählten Farbton beschichtet werden. Im Vorfeld sind Instandsetzungsmaßnahmen am Fachwerk und am Putz der Fassade auszuführen.

Leistungsbeschreibung

Pos. 1 Materialbedarf berechnen
Pos. 2 Fachwerk instand setzen
Pos. 3 Fassadenfläche instand setzen
Pos. 4 Fassade beschichten

Pos. 1 Materialbedarf berechnen

Aufgabe 24

Sie sehen zwei verschiedene Fenster am Haus aus des Kundenauftrags.

a) Warum reichen beim Fenster 1 zwei Maßangaben, während das Fenster 2 drei Maßangaben besitzt?

b) Berechnen Sie die Fläche beider Fenster.

Fenster 1

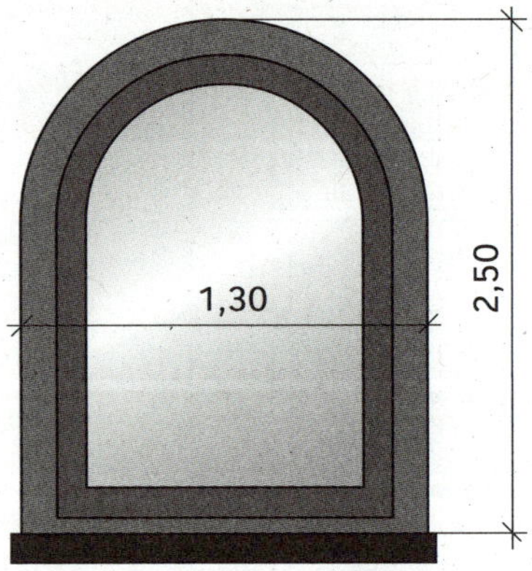

Fenster 2

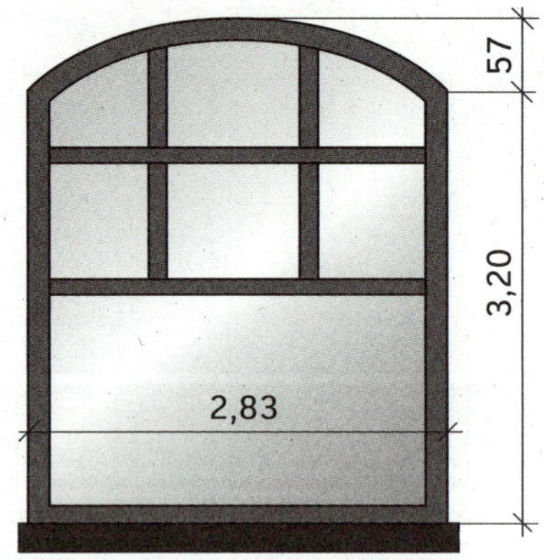

Aufgabe 25

Berechnen Sie die zu beschichtenden Putzflächen der Fassade nach VOB.
Hinweise: Die Innenflächen der Balkone der ersten und zweiten Etage werden nicht mitberechnet.
Gesimse, Säulen, Friese usw. werden als glatte Fassadenflächen betrachtet. Fachwerk wird nicht mitberechnet. Fenster und Türlaibungen werden nicht abgerechnet.

Bezeichnungen	Abmessung	Einzelflächen/ Zuzüge	Abzug	Reiner Messgehalt/ Zwischensummen

Bezeichnungen	Abmessung	Einzelflächen/ Zuzüge	Abzug	Reiner Messgehalt/ Zwischensummen

Aufgabe 26

Sie sollen den Chef über die benötigten Materialmengen informieren, damit er diese beim Großhändler bestellen kann.

a) Ermitteln Sie den Bedarf an Grundierung bei einem Verbrauch von 250 ml/m².
b) Berechnen Sie die Menge an Silikonharzfarbe bei einem zweimaligen Anstrich und einem Verbrauch von 300 ml/m².

Pos. 2 Fachwerk instand setzen

Aufgabe 27

Nennen Sie eine geeignete Holzart für das Fachwerkgefüge. Begründen Sie Ihre Antwort.

Aufgabe 28

Zählen Sie Ausschlusskriterien für Holz auf, das für Fachwerk verwendet werden soll. Begründen Sie Ihre Antwort.

Aufgabe 29

Um das beschichtete Holz auf Mängel zu prüfen, klopft der Geselle das Holz mit einem Hammer ab. Warum macht er das?

Aufgabe 30

Der Kunde ist erbost darüber, dass sich im Bereich des Fachwerks im Putz des Gefaches Risse zeigen, obwohl er diesen Teil des Gebäudes vor wenigen Jahren neu beschichten ließ. Die Arbeiten wurden nicht von einem Fachbetrieb ausgeführt. Nennen Sie mögliche Ursachen des Problems.

Aufgabe 31

Ihr Chef vermutet, dass beim Verputzen kein Kellenschnitt zwischen dem Fachwerk und dem noch feuchten Putz gemacht wurde. Warum müssen Gefach und Fachwerk getrennt werden?

Aufgabe 32

Bei den Arbeiten entdecken Sie im Gebälk des Fachwerks einen Riss, der durch einen Dichtstoff aufgefüllt und geglättet wurde. Erklären Sie anhand der Zeichnung, warum dies ein Problem darstellt.

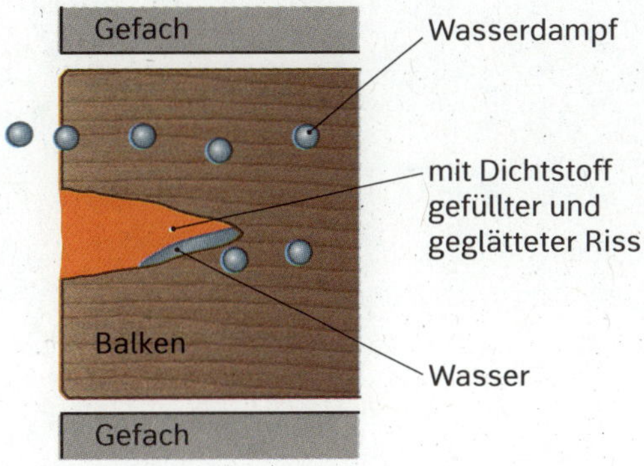

Aufgabe 33

Vervollständigen Sie den Lückentext.

Risse im ______ stellen in der Regel ______ Problem dar, sondern gehören zum lebendigen Baustoff ______ dazu. Erst wenn es sich um wasserführende ______ handelt, müssen diese verschlossen werden.

Aufgabe 34

Finden Sie das fehlende Wort in folgender Aussage:
Bei allen Beschichtungsarbeiten im Bereich des Fachwerks muss darauf geachtet werden, einen niedrigen sd-Wert zu haben. Das bedeutet, dass der ... einer Beschichtung möglichst gering sein sollte.

	A		S			D				F	-								
	I				S			N			I					S			D

Pos. 3 Fassadenfläche instand setzen

Aufgabe 35

Ihr Chef möchte, dass Sie die Fassadenfläche auf Untergrundschäden prüfen.
Wie stellen Sie fest, ob der Untergrund saugfähig ist, kreidet und ob der Putz fest genug ist?
Vervollständigen Sie dazu die Tabelle.

Untergrundprüfung auf ...	Verfahren/Erkennung/Behebung
Saugfähigkeit	
Kreiden	
Putzfestigkeit	

Aufgabe 36

Die Verunreinigungen der Fassade sollen mit einem Hochdruckreiniger beseitigt werden. Nennen Sie Vor- und Nachteile dieses Reinigungsverfahrens.

Vorteile:

Nachteile:

Wie würden Sie entscheiden?
Sie stellen fest, dass der Putz an wenigen Stellen mürbe ist und erzählen dies dem interessierten Kunden. Dieser fragt nach, ob diese Stellen nun neu verputzt werden müssen. Was antworten Sie ihm?

Pos. 4 Fassade beschichten

Wie würden Sie entscheiden?
Sie haben bei der Beschichtung der Putzflächen der Fassade die Wahl zwischen Kunststoffdispersionsfarbe und Silikonharzfarbe. Beide Beschichtungsstoffe sind für den Untergrund geeignet. Für welchen Beschichtungsstoff entscheiden Sie sich?

Aufgabe 37

Nennen Sie positive Eigenschaften einer Silikonharzfarbe gegenüber einer Kunststoffdispersionsfarbe.

Wie würden Sie entscheiden?

Der Kunde hat gehört, dass eine Hydrophobierung die Fassade vor Regen schützt. Eindringendes Wasser kann eine Fassade schädigen. Er erkundigt sich, ob dies bei seiner Fassade sinnvoll sei.

Aufgabe 38

Bringen Sie die Arbeitsschritte zum Beschichten der Fassade in eine sinnvolle Reihenfolge. Das Gerüst steht bereits.

Reihenfolge	Arbeitsschritt
	Fassadenreinigung mit Hochdruck-Heißwasserstrahlen
	Ausbessern mit Spachtelmasse und ggf. Armierungsgeweben
	Abkleben und Abdecken der nicht zu beschichtenden Bereiche
	Entfernen von losen und mürben Putzteilen
	Grundieren der Fassadenfläche
	Montage einer Auffangrinne zum Sammeln von Abwasser
	Kontrolle der nicht zu beschichtenden Bereiche
	Endanstrich mit Silikonharzfarbe
	Filzen der Nachputzstellen
	Zwischenanstrich mit Silikonharzfarbe

Aufgabe 39

Die Fassade wurde gereinigt und die Schadstellen wurden gespachtelt. Die Fassade kann nun beschichtet werden. Sie lesen im Technischen Merkblatt, dass die Silikonharzfarbe nass in nass verarbeitet werden soll, damit man keine Ansätze sieht. Mit wie vielen Mitarbeitern sollten Sie zur Baustelle fahren? Diskutieren Sie darüber.

Wie würden Sie entscheiden?

Der Kunde möchte, dass die Arbeiten zeitnah abgeschlossen werden. Das Wetter ist über Nacht umgeschlagen und morgens sind es um die 3 °C. Wie verhalten Sie sich? Nehmen Sie für Ihre Überlegungen auch die Angaben im Technischen Merkblatt zu Hilfe.

Technisches Merkblatt

Silikonharzfarbe

Verarbeitung: Vor der Verarbeitung aufrühren und bei Bedarf bis zu 10 % mit Wasser verdünnen. Endanstrich bis zu 5 % verdünnen.
Nicht bei direkter Sonneneinstrahlung, bei Frostgefahr oder unter +8 °C (Lufttemperatur und Temperatur des Untergrunds) verarbeiten.
Um einen ansatzfreien Anstrich zu erhalten: nass in nass auftragen.

Aufgabe 40

Die Arbeiten sind abgeschlossen und der Auftraggeber zeigt sich bei der Abnahme der Arbeiten zufrieden. Wie können Sie sich verhalten, um den Auftraggeber als Kunden zu behalten?

KUNDENAUFTRAG

Das Traditionskaufhaus Grünfeld & Bloomberg erhält im Zuge einer Modernisierung eine neue Sportabteilung. Des Weiteren sollen Gestaltungsmaßnahmen in der Damenabteilung sowie in den Sozialräumen und der kleinen Mitarbeiterküche ausgeführt werden.

Objektbeschreibung

Gebäude:	fünf Geschosse
Untergeschoss:	Sportabteilung
Erdgeschoss:	Damenabteilung
1. Obergeschoss:	Herrenabteilung
2. Obergeschoss:	Schuhabteilung
3. Obergeschoss:	Sozialräume und Mitarbeiterküche, schwimmender Estrich mit Velours-Altbelag, Wände und Decken weiß verputzt, Mörtelgruppe PIV
4. und 5. Obergeschoss:	Büros

Auszuführende Arbeiten

- Die Sportabteilung gestalten
- Gestaltungsmaßnahmen in der Damenabteilung ausführen
- Tapezier- und Bodenbelagsarbeiten im Sozialraum durchführen
- Gestaltungsmaßnahmen und Bodenbelagsarbeiten in der Mitarbeiterküche durchführen

DIE SPORTABTEILUNG GESTALTEN

Im Zuge der Modernisierung des Kaufhauses wird das Sortiment um Trend-Sportartikel und -bekleidung erweitert. Da für die Sportabteilung separat geworben werden soll, muss ein eigenständiges Logo entwickelt werden. Es soll ein Sportmotiv auf eine Rückwand gebracht werden. Im Bademodenbereich sollen MDF-Platten in einer Regentropfen-Effektlackierung gestaltet werden.

Leistungsbeschreibung

Pos. 1 Logo für die Sportabteilung entwickeln
Pos. 2 Rastervergrößerung eines Sportmotivs ausführen
Pos. 3 Effektlackierung in der Bademodenabteilung ausführen

Pos. 1 Logo für die Sportabteilung entwickeln

Aufgabe 1

Unter Corporate Design versteht man das äußere Erscheinungsbild eines Unternehmens. Kreuzen Sie an, welche der folgenden Begriffe somit Elemente des Corporate Designs darstellen können.

Firmenlogo	
Anrufbeantworteransage	
Farbtöne	
Schrift	
Firmenphilosophie	
Fahrstuhlmusik	

Aufgabe 2

Überlegen Sie, inwieweit das Logo der Sportabteilung innerhalb und außerhalb des Kaufhauses eingesetzt werden kann.

Innerhalb des Kaufhauses:

Außerhalb des Kaufhauses:

Aufgabe 3

Nennen Sie stichpunktartig die wichtigsten Kriterien, die ein Logo erfüllen muss.

Aufgabe 4

Tragen Sie die Bezeichnung „Logo“ und „Piktogramm“ über der richtigen Spalte der Tabelle ein. Durch welche Erkennungsmerkmale sind die einzelnen Zeichen zu unterscheiden? Nennen Sie weitere Beispiele für die Zeichen.

Bezeichnung		
Abbildung	adidas®	
Erkennungsmerkmal		
Beispiel		

Aufgabe 5

Beurteilen Sie die folgenden Beispiellogos hinsichtlich der in Aufgabe 3 erkannten Kriterien. Diskutieren Sie mit Ihren Mitschülern über mögliche Verbesserungen und tragen diese begründet vor.

Malereibetrieb PETER SCHAUMBURG MALERMEISTER bringt Farbe ins Leben	
Malerfirma Carstens	
Freude am malern Meisterbetrieb BECKER	

Aufgabe 6

Entwerfen Sie gemäß der folgenden Aufgabenstellung ein Logo für die neue Sportabteilung, das sich aus einer Wort- und aus einer Bildmarke zusammensetzt.

Bildmarke:

a) Sammeln Sie Ideen für die Logoentwicklung. Fertigen Sie am PC eine Collage mit Motiven zum Thema Sport an.

b) Wählen Sie sich zwei Motive aus Ihrer Collage aus, die einen starken Wiedererkennungswert durch ihre Formen haben. Vereinfachen Sie die Konturen wie in der Beispiellösung so stark wie möglich, indem Sie ein Zeichenprogramm Ihrer Wahl am PC nutzen. Das Motiv soll noch erkennbar sein.

c) Entscheiden Sie sich für ein Motiv und begründen Sie Ihre Wahl mit den Kriterien für die Erstellung eines Logos aus Aufgabe 4.

Beispiellösung:

Wortmarke:

Setzen Sie den Namen des Bekleidungshauses „Grünfeld & Bloomberg sports“ mithilfe eines Textverarbeitungsprogramms in

d) unterschiedlichen Schriftgrößen und

e) unterschiedlichen Schriftarten.

d)

e)

Logo:

f) Entscheiden Sie sich bei Ihrer Wort- und Bildmarke für jeweils einen Farbton. Berücksichtigen Sie dabei die Farbkontraste und begründen Sie Ihre Farbton- und Kontrastauswahl.

g) Setzen Sie Ihre entstandene Wort- und Bildmarke zu einem Logo zusammen. Achten Sie dabei auf ein angemessenes Größenverhältnis der jeweiligen Teile.

Wie würden Sie entscheiden?

Die Auszubildende des ersten Lehrjahres hat gehört, dass man Gestaltungen oft nach dem „Goldenen Schnitt“ anbringt und fragt Sie nach der Bedeutung. Erklären Sie ihr den „Goldenen Schnitt“.

Pos. 2 Rastervergrößerung eines Sportmotives ausführen

Aufgabe 6

In der Sportabteilung sollen entsprechend der Bereiche Sportmotive mittels der Rastervergrößerung gestaltet werden.

a) Zeichnen Sie ein Raster von 0,05 m × 0,05 m über die Vorlage.

b) Vergrößern Sie die Zeichnung im Maßstab 2 : 1.

Pos. 3 Effektlackierung in der Bademodenabteilung ausführen

Aufgabe 7

Bringen Sie die gezeigten Arbeitsschritte der Regentropfen-Effektlackierung in die richtige Reihenfolge und beschreiben Sie sie kurz.

Reihenfolge	Bild	Erklärung des Arbeitsschrittes

	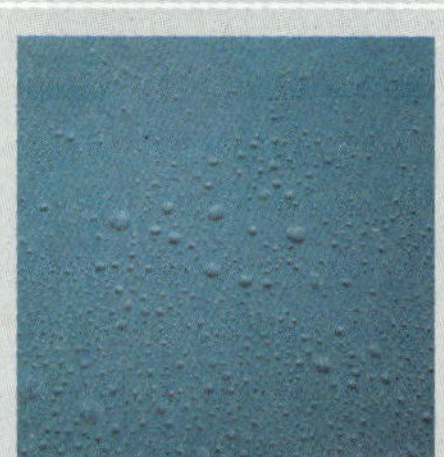	
	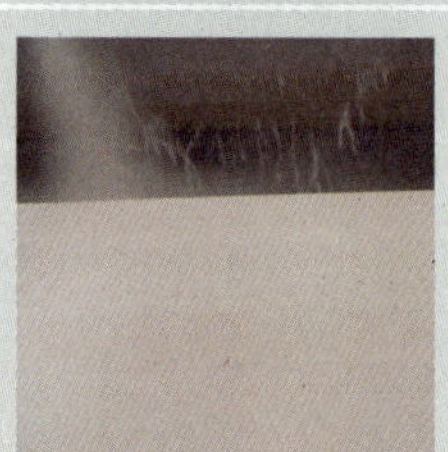	
	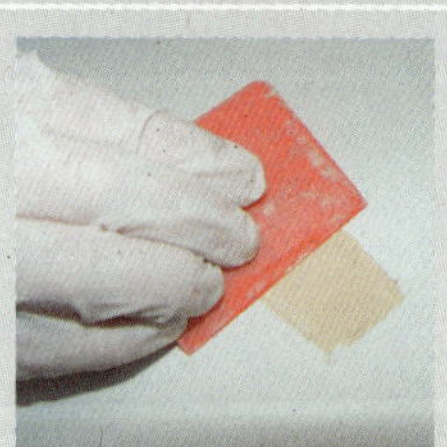	

Aufgabe 8

Es werden vier MDF-Platten mit dem Regentropfen-Effektlack beschichtet. Eine Platte ist 1,05 m x 2,45 m groß.
Ihr Meister beauftragt Sie, die Materialmenge für die vier Platten zu ermitteln.

a) Für die Grundierung wird eine Materialmenge von 175 ml/m² angesetzt. Wie viel Grundierung wird benötigt?

b) Die Grundierung wird in einem Verhältnis von 5 Teilen Harz (Stammlack) zu 1 Teil Härter gemischt. Dazu kommen noch 15 % Verdünnung. Wie viel Härter und Harz (Stammlack) werden benötigt und wie viel Verdünnung muss zugegeben werden?

c) Die erste Lackierung wird mit 130 ml/m² angeben. Wie viel Material wird benötigt?

d) Die erste Lackierung wird in einem Verhältnis von 10 Teilen Harz (Stammlack) zu 1 Teil Härter gemischt. Dazu kommen noch 10 % Verdünnung. Wie viel Härter und Harz (Stammlack) werden benötigt und wie viel Verdünnung muss zugegeben werden?

e) Für die Regentropfen-Effektlackierung wird eine Materialmenge von ca. 335 ml/m² angegeben. Da eine genaue Angabe der Materialbedarfsmenge nicht möglich ist, werden 15 % mehr Material bestellt.
Wie viel Liter Effektlack werden benötigt?

f) Die Endlackierung mit Hochglanzklarlack wird zweimal durchgeführt. Als Materialbedarf werden 115 ml/m² angegeben. 1 l Hochglanzlack kostet 5,89 € netto. Wie viel Hochglanzklarlack wird benötigt und wie viel kostet der Lack brutto?

Aufgabe 9

Der Auszubildende aus dem 2. Lehrjahr soll auch eine Regentropfen-Effektlackierung durchführen und fragt Sie nach besonderen Hinweisen, die er bei der Lackierung beachten muss.

GESTALTUNGSMASSNAHMEN IN DER DAMENABTEILUNG DURCHFÜHREN

Die Abteilung für Damenbekleidung ist ebenfalls von den Modernisierungsmaßnahmen betroffen. Sie soll durch verschiedene Gestaltungsmaßnahmen einen edlen und hochwertigen Charakter ausstrahlen. Eine Glastrennwand erhält eine Hinterglasvergoldung, die Profilleisten werden vergoldet und exklusive Warenpodeste in der Spiritustechnik gestaltet. Eine Wandfläche soll mit einer ständig wechselnden Wandverspannung verkleidet werden. Im Bereich der Anproberäume befindet sich eine Sitzecke. Dort wünscht der Kunde eine Graumalerei.

Leistungsbeschreibung

Pos. 1 Vergoldungsmaßnahmen in der Damenabteilung ausführen
Pos. 2 Exklusive Warenpodeste beschichten
Pos. 3 Verspannen einer Wandfläche
Pos. 4 Gestalten einer Wand mit Graumalerei

Pos. 1 Vergoldungsmaßnahmen in der Damenabteilung ausführen

Aufgabe 10

Informieren Sie sich über die in der Tabelle aufgeführten Goldarten und nennen Sie Karat bzw. Größe und Einsatzbereich bzw. eine kurze Beschreibung.

Art	Karat/Größen	Einsatzbereich/Beschreibung
Grüngold		
Zitronengold		
Orangegold		
Einfachgold		
Doppelgold		
Dreifachgold		
Schlagmetalle		

Aufgabe 11

Ihr Praktikant möchte von Ihnen wissen, warum Gold nicht korrodiert. Erklären Sie ihm den Grund dafür.

Aufgabe 12

In der Werkstatt sehen Sie eine vergoldete Musterleiste.

a) Benennen Sie die verschiedenen Schichten.

b) Ihr Praktikant fragt Sie, worum es sich bei der Polimentschicht handelt.

Aufgabe 13

Sie sollen für die auszuführenden Vergoldungen die entsprechenden Werkzeuge einpacken.
Benennen Sie die abgebildeten Werkzeuge. Entscheiden Sie durch Ankreuzen, welche Werkzeuge für die Vergoldungsmaßnahmen benötigt werden.

 ☐	 ☐	 ☐
 ☐	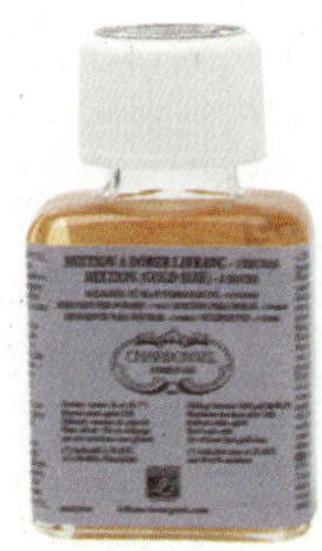 ☐	 ☐
 ☐	 ☐	 ☐
 ☐	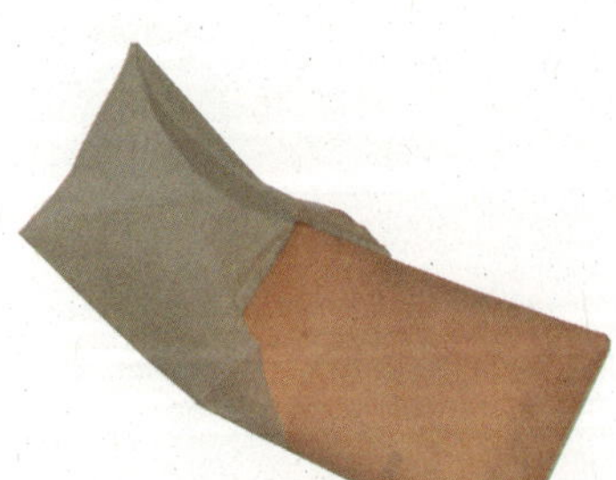 ☐	 ☐

Wie würden Sie entscheiden?

Sie verkleiden die Oberfläche einer Säule mit Einfachgold. Der Geschäftsinhaber fragt Sie, ob das Material auch für die beiden Säulen außen im Eingangsbereich verwendet werden kann.

Aufgabe 14

Auf einer Glasscheibe, die als Trennwand dient, soll eine dekorative Hinterglasvergoldung umgesetzt werden.

a) Erläutern Sie die Technik der Hinterglasvergoldung.

b) Eine Auszubildende aus dem ersten Lehrjahr hat etwas von einer Glanz- und Mattvergoldung bei der Hinterglasvergoldung gelesen. Erklären Sie ihr den Unterschied und die beiden Verfahren.

Glanzvergoldung:

Mattvergoldung:

Aufgabe 15

Die Glasscheibe mit der Hinterglasvergoldung ist 1,98 m × 1,35 m groß. Ihr Meister möchte von Ihnen den Materialbedarf wissen.

a) Wie viel Quadratmeter werden vergoldet, wenn die zu vergoldende Fläche 38 % (inklusive Überschuss) der Gesamtfläche entspricht?

b) Ein Blatt Blattgold ist 0,08 m × 0,08 m groß. Wie viel Blattgoldhefte benötigen Sie, wenn sich in einem Heft 25 Blatt befinden?

c) Ein Heft Blattgold kostet 21,25 € ohne Umsatzsteuer. Wie viel kosten die verwendete Hefte und Blätter mit Umsatzsteuer?

Aufgabe 16

Sie vergolden zusammen mit Ihrem Gesellen Profilleisten in der Damenabteilung.
Beschreiben Sie die Arbeitsschritte und nennen Sie die verwendeten Werkzeuge.

Arbeitsschritte	Bild	Werkzeuge/Material

	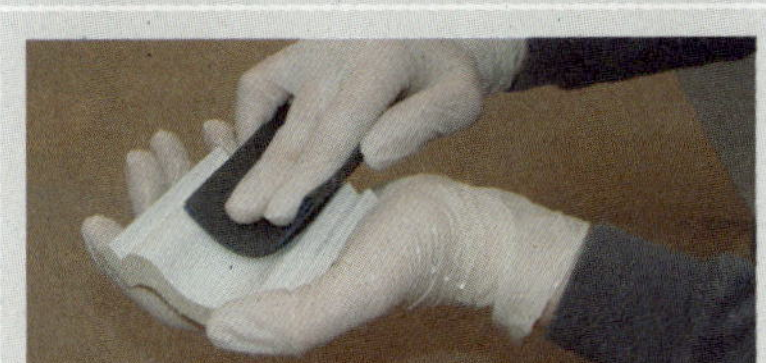	
	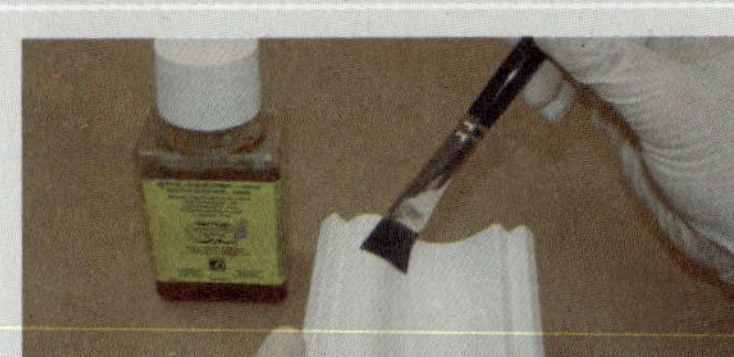	

	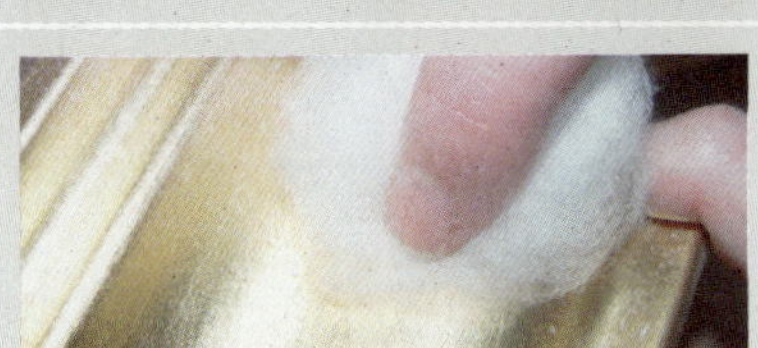	

Aufgabe 17

Als Sie die Profilleisten vergolden, hören Sie in einem Gespräch zwischen Ihrem Meister und dem Gesellen das Wort Zaponlack. Informieren Sie sich im Internet über den Beschichtungsstoff und worauf Sie beim Verarbeiten achten müssen.

Aufgabe 18

Auf der Verpackung des Zaponlacks sieht der Praktikant zwei Symbole, die er nicht kennt.
Er fragt Sie, welche diese Bedeutung haben.

Pos. 2 Exklusive Warenpodeste beschichten

Aufgabe 19

In der Damenabteilung sollen exklusive Podeste zum Präsentieren der Bekleidung verwendet werden. Die Podeste sollen in der Spiritustechnik beschichtet werden. Erklären Sie der Auszubildenden aus dem ersten Lehrjahr, die diese Lacktechnik nicht kennt, die Ursache des Effekts.

Aufgabe 20

Ihr Meister beauftragt Sie, die benötigte Materialmenge für die verschiedenen Podeste zu ermitteln.
Es werden alle Flächen beschichtet. Berechnen Sie die Oberfläche und anschließend den Materialbedarf.
Es werden für 1,00 m² 0,235 l Beschichtungsstoff verbraucht.

a) 9 Quaderpodeste
Maße: a: 97 cm, b: 35 cm, c: 35 cm

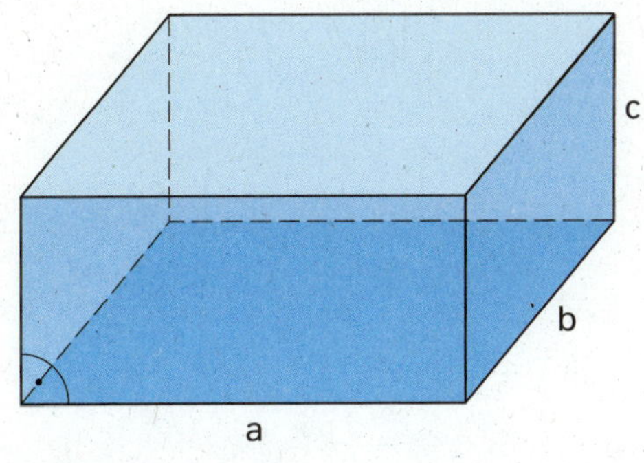

b) 5 Pyramidenstumpfpodeste
Maße: a_1: 38 cm, a_2: 36 cm, h_s: 45 cm

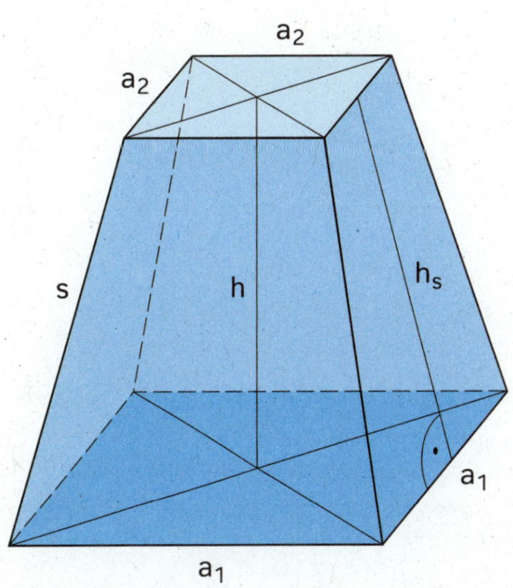

c) 4 Kugelpodeste
Maße: r: 55 cm

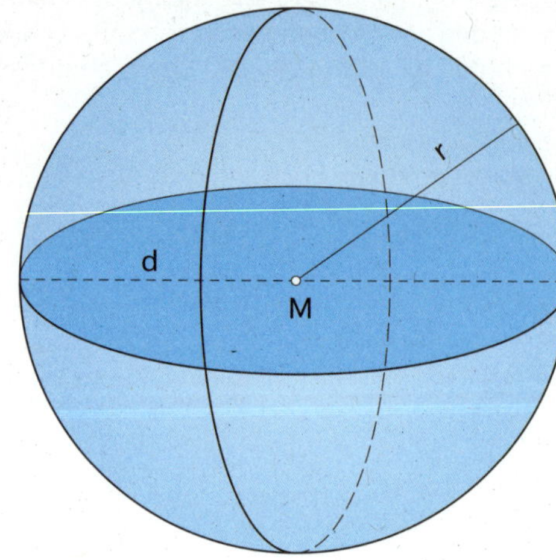

d) 5 Kegelstumpfpodeste
Maße: r_1: 18 cm, r_2: 21 cm, s: 28 cm

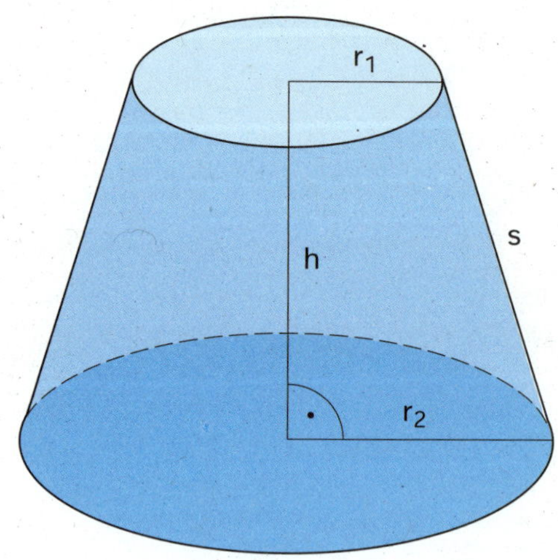

e) Wie viel Beschichtungsstoff wird insgesamt benötigt?

Pos. 3 Verspannen einer Wandfläche

Wie würden Sie entscheiden?

Um die jeweiligen Modetrends optisch aktuell unterstützen zu können, soll eine Wandfläche mit einer Wandbespannung versehen werden. Ihr Praktikant hat davon noch nie etwas gehört und fragt Sie nach den Vorteilen gegenüber einer Tapezierung der Wand.

Aufgabe 21

Erklären Sie dem Praktikanten den Ablauf einer Wandverspannung.

Pos. 4 Gestalten einer Wand mit Graumalerei

Aufgabe 22

Für die Graumalerei benötigen Sie verschiedene Tonwerte (siehe Abbildung links).

a) Legen Sie das einfache Ornament mithilfe der Tonwerte aus.

b) Recherchieren Sie im Internet, wie ein Kapitell zu einer ionischen Säule aussieht. Versuchen Sie anschließend die Tonwerte aus Aufgabe 22 a) mit Kreide oder Bleistiften unterschiedlicher Härtegrade in die Abbildung rechts zu übertragen.

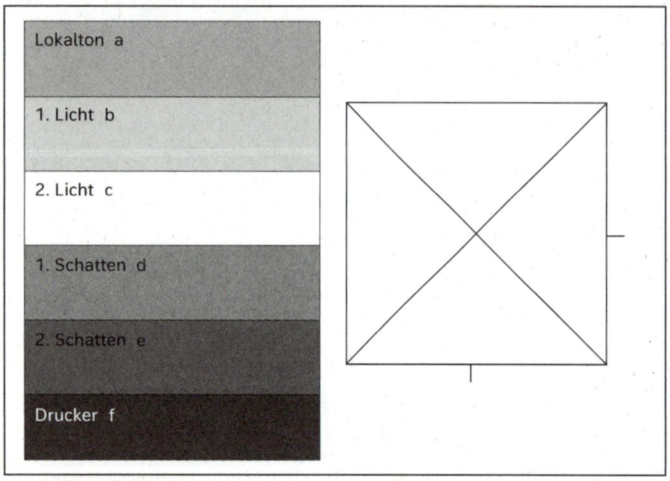

Aufgabe 23

Erweitern Sie den Ausschnitt der Säule aus Aufgabe 22 b) und übertragen Sie ihn in die vorgegebene Fläche oder zeichnen Sie die Säule vergrößert auf ein Extrablatt. Legen Sie den Entwurf anschließend in den Tonwerten der Graumalerei aus.

TAPEZIER- UND BODENBELAGSARBEITEN IM SOZIALRAUM DURCHFÜHREN

Die Mitarbeiterinnen und Mitarbeiter von Grünfeld & Bloomberg haben sich für einen Design-PVC als Bodenbelag entschieden. Der Sozialraum verfügt über einen alten Kamin, der aus gestalterischen Gründen erhalten bleiben soll. Die weißen Wände und Decken werden nicht weiter behandelt, allerdings wünscht sich das Personal eine Mustertapete an der Kopfwand ohne Fenster.

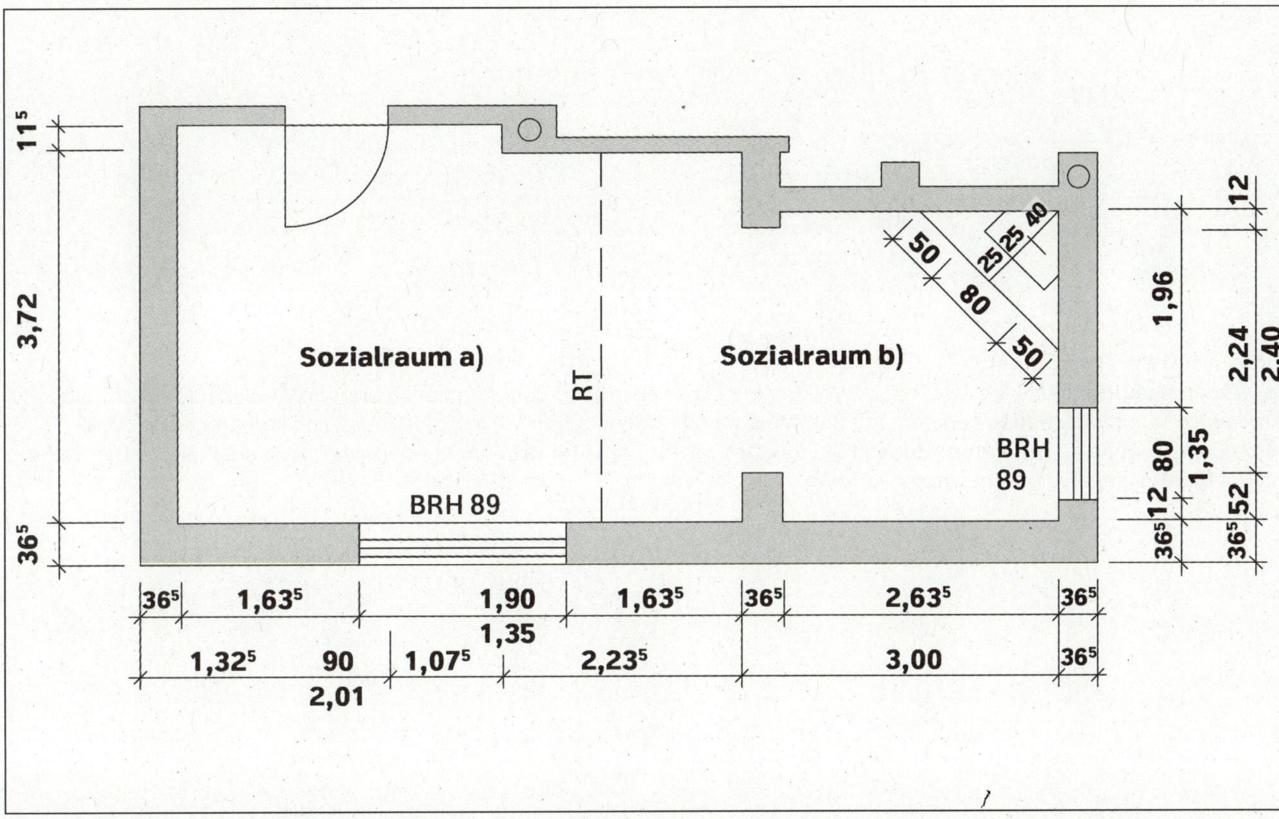

Leistungsbeschreibung

Pos. 1 Prüfen und Vorbereiten des Bodens für die Bodenbelagsarbeiten
Pos. 2 Verlegen von Design-PVC
Pos. 3 Anbringen der Sockelleisten
Pos. 4 Tapezieren einer Mustertapete

Wie würden Sie entscheiden?

Eine Mitarbeiterin kommt auf Sie zu und fragt, ob es nicht besser sei, Laminat anstelle des Design-PVCs zu verlegen, und worin der Unterschied der beiden Beläge eigentlich besteht. Was antworten Sie ihr?

Pos. 1 Prüfen und Vorbereiten des Bodens für die Bodenbelagsarbeiten

Aufgabe 24

Welche Arbeiten müssen vor dem Verlegen des Bodenbelags vorgenommen werden?

Wie würden Sie entscheiden?

Sie werden beauftragt, das Design-PVC am Freitag kurz vor Feierabend zum Kunden zu bringen. Danach dürfen Sie den Firmenwagen mit nach Hause nehmen. Auf dem Weg zum Kunden stehen Sie im Stau und gleich kommt eine wichtige Fußballübertragung im Fernsehen. Bringen Sie das Design-PVC am Montag zum Kunden oder noch am Freitag? Der Belag soll am Montag gegen 9:00 Uhr verlegt werden.

Aufgabe 25

Bevor der Bodenbelag in den Sozialräumen gelegt werden kann, muss der Untergrund nach VOB DIN 18 365 vorbereitet sein. Erklären Sie kurz die Begriffe, die in der VOB DIN 18 365 genannt werde

Ebenheit:

Rissfreiheit:
(Haar- und
Setzriss)

Staubfreiheit:

Festigkeit:

Trockenheit:

Aufgabe 26

Sie haben gerade gelernt, dass an einem frisch eingebrachten Zementestrich eine Feuchtigkeitsmessung mit dem CM-Gerät vor dem Verlegen eines Bodenbelags durchgeführt werden soll. Obwohl der Estrich im Sozialraum schon länger liegt, sind Sie interessiert und recherchieren die Vorgehensweise. Beschreiben Sie die einzelnen Arbeitsschritte.

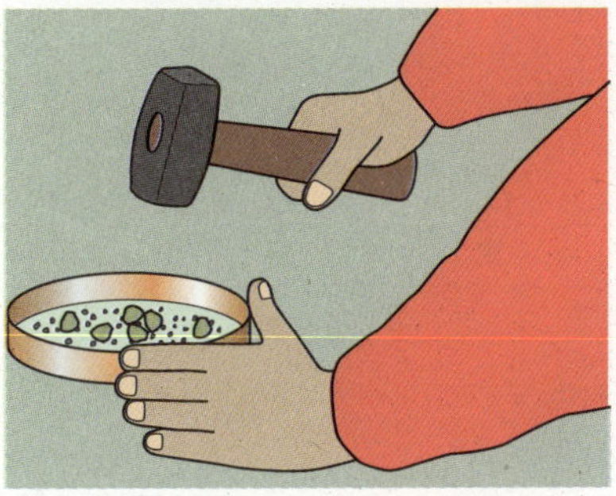

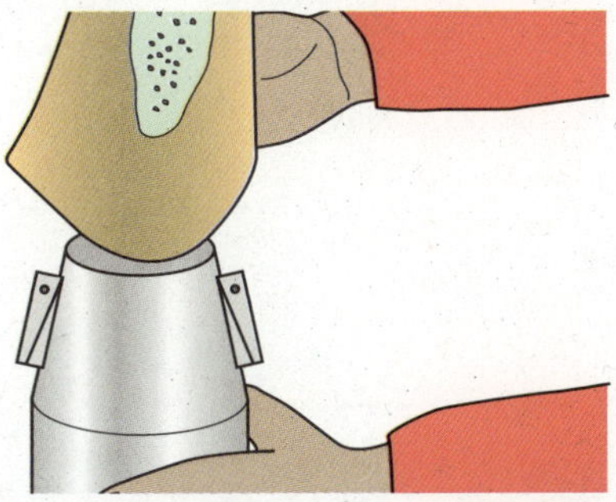

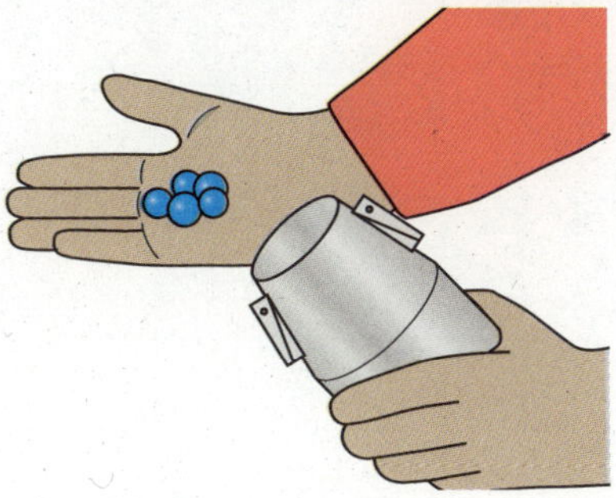

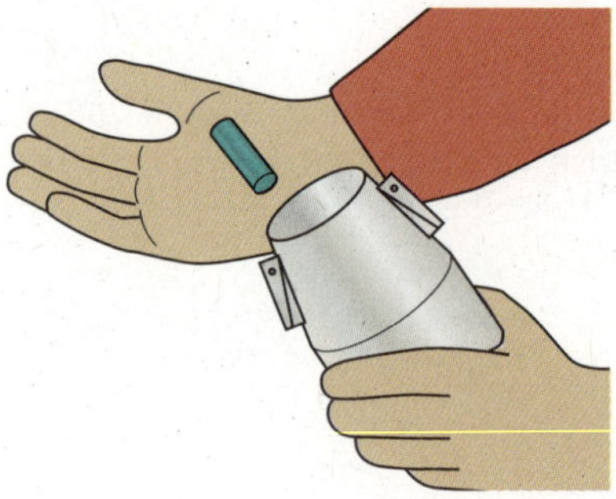

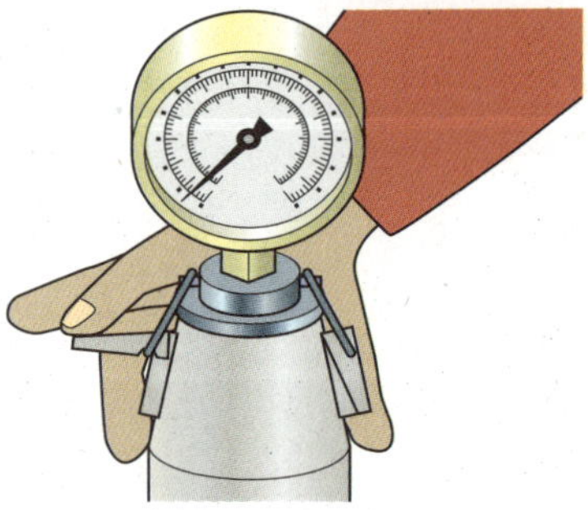

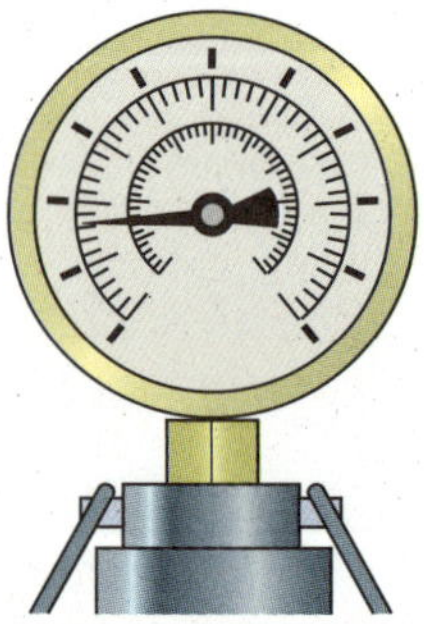

Aufgabe 27

Angenommen, Sie hätten eine CM-Feuchtigkeitsmessung durchgeführt und hätten 20 g Estrich abgewogen und in die Flasche gefüllt. Die Manometeruhr zeigt einen Druck von 0,7 bar an. Aus der Gasdruck-Feuchtigkeits-Tabelle entnehmen Sie, dass der Estrich einen Wassergehalt von 3,5 % aufweist.

a) Darf der Zementestrich belegt werden?

b) Bei welchem Wassergehalt (Restfeuchte) dürfte der Zementestrich nicht belegt werden?

Pos. 2 Verlegen von Design-PVC

Aufgabe 28

Nennen Sie Vorteile einer schwimmenden Verlegung des Design-PVCs als Klick-PVC, ohne ihn vollflächig zu verkleben.

Aufgabe 29

Ermitteln Sie das Bodenaufmaß des Sozialraums, indem Sie an der gestrichelten Linie den Raum gedanklich in Sozialraum a und Sozialraum b teilen. Hinweis: Der Kamin wird abgezogen.

Bezeichnung	Abmessung	Einzelflächen/Zuzüge	Abzug	Reiner Messgehalt
Sozialraum a				
Sozialraum b				
Abzug Kamin				
Durchgang				
Gesamtfläche				

Aufgabe 30

Berechnen Sie den Bedarf an Design-PVC, wenn Sie einen Verschnitt von 10 % haben.

Aufgabe 31

Wie viele Pakete müssen bestellt werden, wenn ein Paket 2,21 m² Design-PVC enthält?

Pos. 3 Anbringen der Sockelleisten

Aufgabe 32

Warum dürfen die Sockelleisten nicht mit dem Design-PVC verbunden werden? Begründen Sie Ihre Antwort.

Aufgabe 33

Zur Ermittlung des Bedarfs an Sockelleisten fehlen Ihnen im Grundriss die Abmessungen des Kamins im Sozialraum b. Berechnen Sie die Seitenlängen des Kamins mithilfe der Formel $c^2 = a^2 + b^2$.

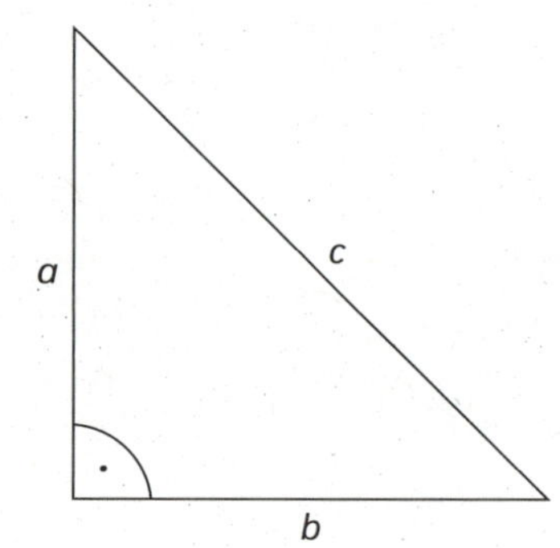

Aufgabe 34

Berechnen Sie den Bedarf an Sockelleisten in den Sozialräumen a und b. Beziehen Sie einen Verschnitt von 10 % in Ihre Berechnung ein. Eine Sockelleiste hat eine Länge von 2,00 m.

Bezeichnung	Abmessungen	Einzelflächen/Zuzüge	Abzug	Reiner Messgehalt
Umfang Sozialraum a				
Abzug Durchgang				

Bezeichnung	Abmessungen	Einzelflächen/Zuzüge	Abzug	Reiner Messgehalt
Umfang Sozialraum b				
Seitenlängen Kamin				
Kaminfront				
Abzug Durchgang				
Zuzug Durchgang Laibung				
Gesamtlänge				

Berechnung Verschnitt:

Berechnung Stückzahl Sockelleisten:

Pos. 4 Tapezieren einer Mustertapete

Die fensterlose Kopfwand des Sozialraums soll mit einer Mustertapete beklebt werden. Die Wand ist frisch verputzt (Mörtelgruppe PIV).

Aufgabe 35

Mit welchem Verfahren können Sie untersuchen, wie stark die Saugfähigkeit des Untergrunds ist?

Aufgabe 36

Sie haben festgestellt, dass Sie einen stark saugen Untergrund haben. Welche Verarbeitungsprobleme können dadurch beim Tapezieren auftreten und wie werden diese verhindert?

Wie würden Sie entscheiden?

Ein Mitarbeiter des Kaufhauses möchte bei sich zu Hause eine Grastapete verkleben. Er fragt Sie, was er bei den Vorarbeiten beachten muss. Was antworten Sie ihm?

Daraufhin möchte der Mitarbeiter wissen, ob es nicht ausreichen würde, eine Streichmakulatur aufzubringen. Was meinen Sie?

Nun möchte der Kunde auch noch wissen, ob alle Tapetenbahnen gleich aussehen, wenn er Makulatur geklebt hat. Antworten Sie, indem Sie ihm erklären, wie eine Grastapete hergestellt wird.

Aufgabe 37

a) Auf dem Tapetenbeiblatt finden Sie folgendes Symbol. Was bedeutet dieses?

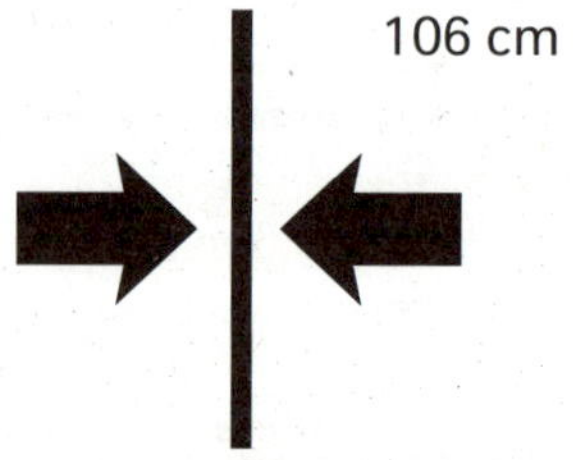

b) Berechnen Sie anhand der Vorgaben aus Aufgabe a), wie viele Tapetenbahnen Sie aus einer Eurorolle erhalten. Die Raumhöhe des Sozialraums beträgt 3,25 m.

c) Wie viele Tapetenbahnen muss der Meister für die fensterlose Kopfwand bestellen?

Aufgabe 38

Ihr Chef erklärt Ihnen, dass die Mustertapete eine Vliestapete und somit dimensionsstabil ist. Was bedeutet das?

Aufgabe 39

Ihr Chef bittet Sie, für die Verarbeitung der Vliestapete den geeigneten Kleister bereitzustellen.
Ergänzen Sie die Tabelle zu den Papierstärken und wählen Sie begründet den Kleister für die Vliestapete aus.

Tapetenart	Flächengewicht
Leichte Tapeten	
Mittelschwere Tapeten	
Schwere Tapeten	

GESTALTUNGSMASSNAHMEN UND BODENBELAGSARBEITEN IN DER MITARBEITERKÜCHE DURCHFÜHREN

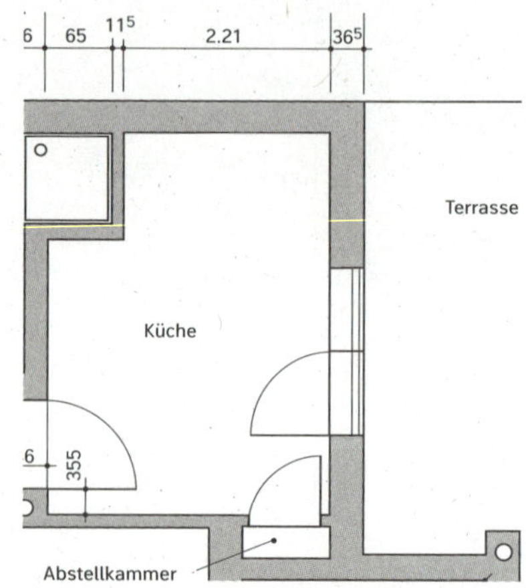

Die Wand- und Deckenflächen in der Mitarbeiterküche sollen gestaltet werden. Die Wände in der Küche bestehen aus Gipskartonplatten. Diese wurden mit Raufaser tapeziert und einmalig mit Dispersionsfarbe beschichtet. Die Gipskartonplatten der Decke sind gespachtelt und beschichtet. An einer Wand soll passend zu einem historischen Sofa eine repräsentative Gestaltung ausgeführt werden. Der vorhandene Teppichboden soll ausgewechselt werden.

Leistungsbeschreibung

Pos. 1 Entfernen des alten Teppichbodens
Pos. 2 Auswahl des neuen Bodenbelags
Pos. 3 Verlegen des Bodenbelags
Pos. 4 Auswahl einer dekorativen Technik für die Wandgestaltung
Pos. 5 Ausführen der dekorativen Technik

Pos. 1 Entfernen des alten Teppichbodens

Aufgabe 40

Mit welchen Hilfsmitteln können textile Bodenbeläge entfernt werden?

Pos. 2 Auswahl des neuen Bodenbelags

Wie würden Sie entscheiden?

Die Angestellten des Kaufhauses wünschen einen textilen Bodenbelag in der Küche. Ihr Meister bespricht mit dem Kunden die Problematik beim Verlegen von textilen Bodenbelägen im Küchenbereich. Was meint er damit?

Aufgabe 41

Obwohl Ihr Meister auf die Probleme eines Teppichbodens in der Küche hingewiesen hat, besteht der Kunde auf einen textilen Bodenbelag, da in der Küche sehr selten gekocht wird. Ihr Meister beauftragt Sie, dem Kunden jeweils ein Muster der Bodenbelagsarten Velours, Schlingenware und Nadelvlies aus dem Lager zu suchen.

a) Ordnen Sie den folgenden Aufnahmen der textilen Bodenbeläge die Bezeichnungen Velours, Schlingenware und Nadelvlies zu

b) Wie unterscheiden sich die drei Bodenbelagsarten in ihrem Aufbau? Skizzieren Sie den jeweiligen Querschnitt und beschreiben Sie diesen.

Teppichart	Querschnitt	Beschreibung
Velours		
Schlinge		
Nadelvlies		

c) Welche Beanspruchungsklasse sollte der Teppichboden für die Küche aufweisen? Begründen Sie Ihre Antwort und skizzieren Sie das entsprechende Symbol.

Symbol

Wie würden Sie entscheiden?

Auf den Musterrückseiten befinden sich Angaben zu den Zusatzeignungen.

a) Erklären Sie dem Kunden die Symbole auf den Mustern.

b) Entscheiden Sie, welche drei Zusatzeignungen wichtig für die Mitarbeiterküche sind.

Symbol	Zuatzeignung

Pos. 3 Verlegen des Bodenbelags

Aufgabe 42

Für die Vorbereitungen des Untergrundes und für das spätere Verlegen des textilen Bodenbelags werden bestimmte Werkzeuge benötigt. Welche Werkzeuge nehmen Sie zur Baustelle mit?

Werkzeuge zum Spachteln und Kleben:

Werkzeuge zum Schneiden:

Aufgabe 43

Der Kunde hat sich für eine relativ unempfindliche Schlingenware entschieden. Sie verlegen zusammen mit dem Gesellen den Belag in der Küche. Ordnen und beschreiben Sie die einzelnen Arbeitsschritte.

Reihen-folge	Bild	Erklärung des Arbeitschrittes

Reihen-folge	Bild	Erklärung des Arbeitschrittes

	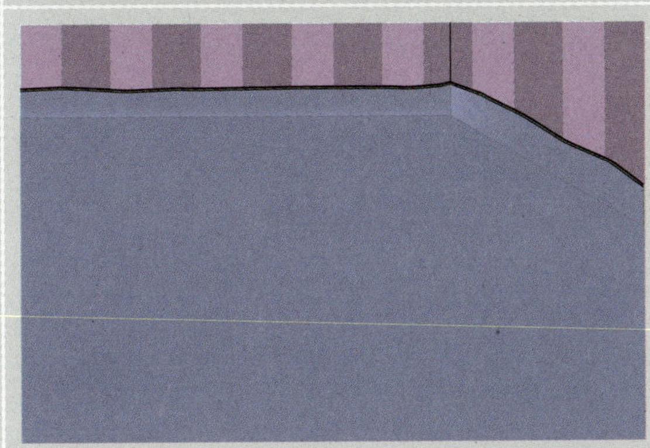	
	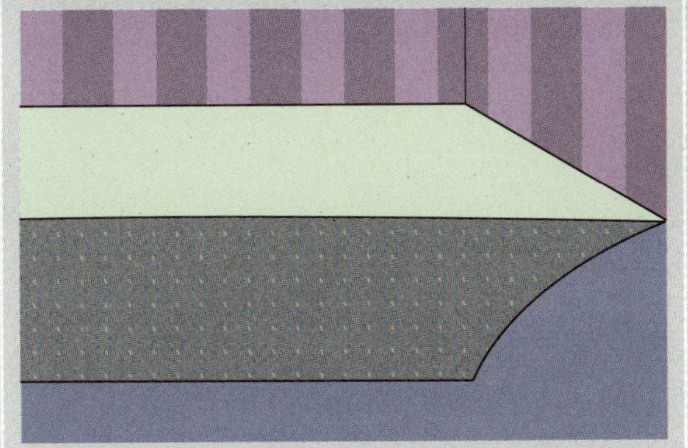	
	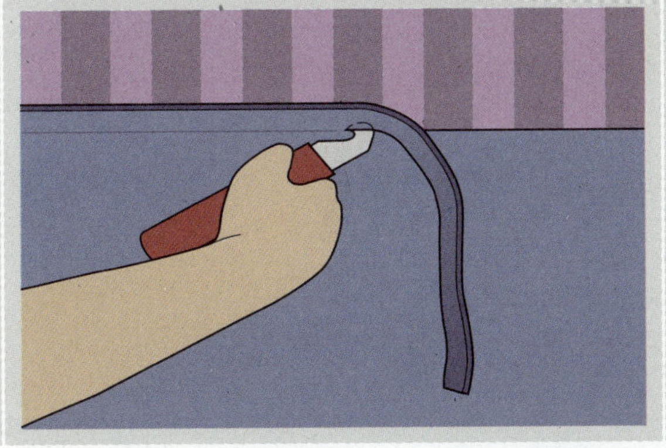	

Aufgabe 44

Vor dem Verlegen müssen gemäß DIN 18365/VOB Teil C verschiedene Prüfungen den Untergrund betreffend durchgeführt werden. Notieren Sie, auf welche Mängel der Untergrund geprüft werden muss. Ergänzen Sie die Erkennungsmerkmale sowie die Maßnahmen zu ihrer Beseitigung.

Prüfung auf ...	Erkennung	Maßnahmen zur Beseitigung
größere Unebenheiten	optisch	Unebenheiten beseitigen, Spachtel- oder Ausgleichsmasse verwenden
Risse		
Feuchtigkeit		
Verunreinigung		
Höhenniveau		
Temperatur		

Aufgabe 45

Berechnen Sie die Bestellmenge des Teppichbodens.
Die Bahn liegt 2,00 m breit. Pro Bahn ist ein Verschnitt von 10 cm zu berechnen.

	1. Bahn	2. Bahn	...
Aufmaß			
Zugabe für Verschnitt			
Bahnenlänge			

Bestellmenge:

Aufgabe 46

Berechnen Sie den Bedarf des Bodenbelags, indem Sie das Bodenaufmaß berechnen.

Aufmaß Küche:

Bezeichnung	Abmessung	Zuzüge	Abzug	Reiner Messgehalt
Küche				
Abzug Ausbuchtung				
Zuzug Türnische				

Aufgabe 47

Berechnen Sie den Bedarf an Kleber in Kilogramm für den Fußboden bei einem Verbrauch von 200 g/m^2.

Kleberbedarf:

Pos. 4 Auswahl einer dekorativen Technik für die Wandgestaltung

Aufgabe 48

Nennen und beschreiben Sie vier dekorative Techniken.

Marmorieren:
Imitation der Steinstruktur des Marmors, verschiedenen Farbvarianten möglich

Aufgabe 49

Die Entscheidung ist auf eine Marmorierung gefallen. Erklären Sie das Besondere an dieser Technik. Warum ist sie für die Küche passend und warum sind die anderen Techniken nicht passend?

Pos.5 Ausführen der dekorativen Technik

Aufgabe 50

Welcher Untergrund muss für die Marmorierung vorliegen?

Aufgabe 51

Welche vorbereitenden Arbeiten in Bezug auf den Untergrund müssen in der Küche ausgeführt werden?

Aufgabe 52

Legen Sie die Raumsituation in der gewählten Technik aus, indem Sie die die folgende Abbildung einscannen, vergrößern und am PC bearbeiten.

Aufgabe 53

Erstellen Sie für die ausgewählte dekorative Technik einen Arbeitsplan, der alle Arbeitsschritte, Materialien und Werkzeuge umfasst. Nutzen Sie zur Bearbeitung der Aufgabe das Fachbuch bzw. das Internet.

Arbeitsschritt	Beschreibung/Bemerkung	Materialien/Werkzeuge

Bildquellenverzeichnis

adidas AG, Herzogenaurach: 184.1.
Akzo Nobel Coatings International B.V., WW Amsterdam: 25.8.
Alamy Stock Photo, Abingdon/Oxfordshire: Rado, Oleksandr 66.1, 72.1; Westmacott, Edd 107.3.
Alfred Kärcher SE & Co. KG, Winnenden: 25.5.
BC GmbH Verlags- und Medien-, Forschungs- und Beratungsgesellschaft, Ingelheim: 67.1, 67.2, 198.1, 198.2.
Bonum Werkzeuge GmbH, Traunstein: 25.6, 25.7, 25.9, 25.15.
Brillux GmbH & Co. KG, Münster: 98.5, 98.6, 133.2.
Charbonnel, Paris: 194.5.
Collomix GmbH, Gaimersheim: 25.1.
Conrad Electronic, Hirschau: 9.1.
deckermedia GbR, Rostock: 18.1, 22.1, 35.1, 39.4, 39.5, 39.6, 40.1, 40.2, 40.3, 41.1, 41.2, 41.3, 42.1, 42.2, 42.3, 43.1, 43.2, 60.1, 60.2, 60.3, 60.4, 60.5, 70.1, 77.1, 89.1, 91.1, 93.5, 95.1, 105.2, 105.3, 106.1, 116.1, 130.4, 138.3, 138.4, 144.4, 145.1, 147.1, 147.2, 205.1, 205.2, 205.3, 205.4, 205.5, 206.1, 206.2, 206.3, 210.3, 213.1, 213.2, 213.3, 213.4, 213.7, 213.8, 213.9, 213.10, 213.11, 214.1, 215.1, 215.2, 215.3, 215.4.
Dempf, Markus, Buchloe: 163.5.
fotolia.com, New York: Finn, Stephen 159.3; Kastilan, Martina 161.1; Kügler, Michael 162.2.
Future Mindset 2050 GmbH, Gehrden: 36.1, 83.1, 84.1, 84.2, 84.3, 84.4, 85.1, 155.1, 156.2, 156.3, 157.1, 158.1, 159.2, 159.4, 160.2, 172.1, 172.2, 173.1, 174.1, 174.2, 177.1, 180.3, 184.3, 184.4, 184.5, 199.1, 199.2, 200.1, 200.2, 202.1, 212.1.
GL Verleih Arbeitsbühnen GmbH, Hofheim: 64.1, 64.2.
Hammelmann GmbH, Oelde: 25.2.
Imago, Berlin: Berger, F. 164.1.
iStockphoto.com, Calgary: Gerasimenko, Aleksei 102.1, 102.2, 102.3; MilicaStankovic Titel; Mr_Twister Titel; olaser 14.1; PavelRodimov Titel; studo58 107.6.
IVPU – Industrieverband Polyurethan-Hartschaum e.V., Stuttgart: 134.1.
J. Wagner GmbH, Markdorf: 25.11.
KonzeptQuartier GmbH, Fürth: 3.1, 3.2, 10.1, 10.2, 19.1, 19.2, 21.1, 21.2, 24.1, 24.2, 33.1, 33.2, 37.1, 37.2, 38.1, 38.2, 39.2, 39.3, 43.3, 43.4, 52.1, 52.2, 54.1, 54.2, 57.1, 57.2, 73.1, 73.2, 79.5, 79.6, 80.1, 80.2, 81.1, 81.2, 93.1, 93.2, 93.3, 93.4, 96.1, 96.2, 98.1, 98.2, 98.3, 98.4, 104.1, 104.2, 114.1, 114.2, 137.1, 137.2, 137.3, 137.4, 138.1, 138.2, 179.1, 179.2, 179.3, 179.4, 180.1, 180.2, 181.1, 181.2, 186.1, 186.2, 195.1, 195.2, 201.1, 201.2, 203.2, 203.3, 204.1, 204.2, 210.1, 210.2, 212.3, 212.4, 213.5, 213.6.
Krückeberg, Helge, Hannover: 154.1, 156.1, 158.2, 165.3, 169.1, 169.2, 169.3.
Littmann, Klaus, Geilenkirchen: 109.1, 109.2, 112.1, 112.2, 113.1, 113.2, 113.3, 113.4, 116.2, 160.1, 160.3, 162.1, 163.1, 163.2, 163.3, 163.4, 164.4, 165.1, 166.1, 166.3, 167.1.
Marx, Alexandra, Hannover: 79.1, 79.2, 79.3, 79.4, 124.1, 124.2, 124.3, 125.1, 125.2.
maxit Baustoffwerke GmbH, Krölpa: 76.2, 76.4, 76.6, 151.3, 151.4, 151.5.
Mengel, Uta, Seelze: 19.3, 19.4, 72.5, 100.1, 100.2, 107.4, 182.1, 193.1, 194.1, 194.2, 194.3, 194.4, 194.6, 194.7, 194.8, 194.9, 194.10, 194.11, 194.12, 197.1, 197.2, 197.3, 197.4, 197.5, 197.6, 197.7, 197.8, 197.9, 212.2, 212.5, 212.6, 212.7; Lohan 188.1, 188.2, 188.3, 188.4, 188.5, 188.6, 188.7.
Müller, Tim, Köln: 5.1, 12.1, 14.4, 16.1, 22.2, 26.1, 26.2, 26.3, 26.4, 29.1, 30.1, 34.1, 37.3, 39.1, 46.1, 46.2, 46.3, 46.4, 46.5, 47.1, 48.1, 50.1, 51.1, 51.2, 55.1, 55.2, 55.3, 56.1, 56.2, 58.1, 58.2, 85.2, 101.1, 101.2, 101.3, 101.4, 104.3, 104.4, 105.1, 106.2, 108.4, 111.1, 117.1, 121.1, 121.2, 121.3, 121.4, 122.5, 137.5, 142.1, 143.1, 153.1, 160.4, 161.4, 162.3, 162.4, 164.2, 166.4, 168.1, 170.1, 170.2, 171.1, 171.2, 187.1, 187.2, 202.2, 203.1, 218.1.
Picture-Alliance GmbH, Frankfurt a.M.: akg-images 165.2.
Rohde, Anja, Hannover: 49.1, 54.3, 56.3, 56.4, 72.2, 72.3, 72.4, 72.6, 75.1, 75.2, 76.1, 76.3, 76.5.
Saint-Gobain Isover G+H AG, Düsseldorf: 133.3.
SATA GmbH & Co. KG, Kornwestheim: 19.5, 19.6, 19.7.
Schmidt, Prof. Günter, Stromberg: 161.3.
STEINEL Vertrieb GmbH, Herzebrock-Clarholz: 25.12.
stock.adobe.com, Dublin: 25.3; adragan 107.2; Atkins, Peter 11.2; Chizhevskaya, Katie 107.5; cmeree 185.3; Fotolyse 166.2; Frajtova, Anna 185.2; Gorilla 185.1; kiono 28.1; lucky-photo 159.1; MicroOne 25.10; modustollens 25.13; mojolo 185.4; peekeedee 25.16, 107.1; penofoto.de 162.5; rawku5 184.2; reinobjektiv 164.3; sehbaer_nrw 167.3; smuki 129.1; sonne_fleckl 14.3; Style-o-Mat 126.1; travelpeter 161.2; vvoe 167.2; ykordik 14.2; Yurii 185.5; Yusif 185.6.
tesa SE, Norderstedt: 25.14.
Tewes, Daniel, Hamburg: 8.1, 33.3, 33.4, 44.1, 44.2, 44.3, 45.1, 45.2, 45.3, 45.4, 110.1, 110.2, 121.5, 121.6, 122.1, 122.2, 122.3, 122.4, 127.1, 129.2, 129.3, 130.1, 130.2, 130.3, 133.1, 133.4, 134.2, 134.3, 134.4, 136.1, 139.1, 140.1, 140.2, 141.1, 141.2, 141.3, 151.1, 151.2.
Unternehmensgruppe fischer, Waldachtal: 144.1, 144.2, 144.3.
Untiet, Christiane, Hannover: 10.3, 11.1, 17.1, 17.2, 17.3, 17.4, 17.5, 17.6, 17.7, 17.8, 17.9, 17.10, 17.11, 17.12, 108.1, 108.2, 108.3.
Vikan GmbH, Wiesbaden: 25.4.
Wistoba Pinselfabrik Wilhelm Stollberg GmbH & Co. KG, Bad Lauterberg: 99.1.